사회복지시설 인권경영 매뉴얼

김수정 · 양혜정 공저

Business and Human Rights
Manual for Social Welfare Facilities

학지사

이 저서는 2022년 대한민국 교육부와 한국연구재단의 지원을 받아 수행된 연구임(NRF-2022S1A5A2A01046122).

머리말

사회가 발전할수록 사회문제는 점점 복잡하고 다양한 양상을 띠고 있으며, 기후위기, 디지털 기술의 발전, 다문화 사회로의 전환, 노동시장의 변화로 새로운 인권 문제가 증가하고 있습니다. 이러한 변화에 대응하기 위해서는 사회복지의 실천 영역을 확대하고, 실천 역량을 강화해야 합니다. 특히 주로 불평등하고, 취약한 상황에 있는 주민들과 함께하는 사회복지시설에서는 무엇보다 인권 역량이 중요합니다.

이러한 상황에서 사회복지시설의 이용인과 직원, 더 나아가 지역사회 모두의 인권을 보호하고, 인권에 기반한 사회복지실천을 위한 인권경영 도입이 필요합니다. 최근 몇 년간 많은 사회복지시설에서 인권경영에 관심을 가지고 실행하기 위해 노력해 왔고, 저자들 또한 사회복지시설의 인권경영을 지원하기 위한 연구, 교육, 자문을 진행해 왔습니다.

그동안 사회복지시설의 인권경영의 도입과 교육에 기본서 역할을 한 것은 국가인권위원회의 『공공기관 인권경영 매뉴얼』입니다. 하지만 이 매뉴얼은 규모가 큰 공공기관을 대상으로 하고 있어 사회복지시설에 그대로 적용하기에는 많은 한계가 있고 사회복지시설에 적합한 매뉴얼이 필요하다고 생각했습니다. 그래서『사회복지시설 인권경영 매뉴얼』을 마련했습니다.

본 매뉴얼은『공공기관 인권경영 매뉴얼』에서 제시하고 있는 단계와 기본 원칙들을 토대로 사회복지시설에 적합하게 수정하였습니다. 먼저 인권경영 단계를 기존의 4단계인 인권경영 체계 구축, 인권영향평가 실시, 인권경영 실행 및 공개, 구제절차의 제공을 3단계로 정리하였습니다. 인권경영 체계 구축에 구제절차 제공을 포함한 것인데, 이는 중복된 내용을 통합하고 순서상의 혼란을 방지하기 위함입니다.

인권영향평가를 위한 체크리스트는 사회복지시설의 인권 책무를 반영하고, 실제 활용가능한 내용으로 구성하여 7개 영역으로 수정하였습니다. 체크리스트는 항목별로 인권원칙 및 법적 근거와 관련 설명을 제시하여 이해를 돕고, 쉽게 활용할 수 있도록 구성하였습니다.

인권경영은 사회복지시설이 인권책무자로서의 역할을 수행하는 데 있어 필수적이라고 생각합니다. 이에 본 매뉴얼이 사회복지시설에서 인권경영을 실행하고자 하는 분들에게 도움이 되기를 희망합니다.

2025년 4월

저자 일동

차례

제3장 인권영향평가 체크리스트 · 69

부록 · 157

제1장

인권경영의 필요성

제1장

인권경영의 필요성

1. 인권경영의 배경

제2차 세계대전 이후 국제연합(United Nations: UN)의 탄생 및 UN에서 채택된「세계인권선언」과 여러 가지 국제인권규약들은 국가에 의한 인권침해를 염두에 두면서, 더 나아가 인간이 존엄한 삶을 누릴 수 있도록 국가가 그 역할을 다해야 함을 강조했다. 이에 UN의 국제적 기준은 인권을 누리는 인권의 주체가 보장받아야 하는 인권의 내용뿐 아니라 이에 상응하여 권한과 권력을 행사하는 주체가 부담해야 하는 책무(obligation)를 설정하고 있다(김수정 외, 2021b).

UN 사회권위원회는 인권보장의 궁극적 책무자로서 국가에게 존중, 보호, 실현(또는 충족)의 세 가지 책무를 제시하고 있다(OHCHR, 2008; 김수정 외, 2021b). 존중(respect)은 국가 스스로 인권을 침해하지 않는 것으로, 차별하지 않고 인권을 침해하는 관행적 · 정책적 · 법률적 조치를 금지하는 것을 말한다. 보호(protect)는 제3자(사람 및 조직 등)로 인해 발생하는 인권적 문제를 국가가 막기 위한 행위를 해야 하는 것으로, 제3자로 인한 차별로부터 보호하며, 교육, 의료, 기타 서비스에 대한 접근으로부터 배제되지 않도록 조치를 취하는 것을 의미한다. 실현(fulfil)은 완전한 인권의 실현을 위해 국가가 적극적인 조치를 해야 한다는 것으로, 인권교육 등을 통해 사회적 인식을 증진시키고, 필요한 제반 제도를 마련하거나 서비스를 제공하는 것을 의미한다. 세 가지 인권 책무를 구분하여 제시하기는 했으나, 이러한 책무는 상호 보완적이다. 인권보장 책무는 UN 기업과 인권 이행원칙을 이해하는 데 중요하며, UN 사회권위원회의 일반논평 19 사회보장에 관한 권리를 중심으로 국가의 인권보장 책무를 제시하면 〈표 1-1〉과 같다.

표 1-1 사회보장에 대한 권리와 국가 책무

존중	사회보장권 향유를 간섭하거나 방해하지 않아야 함	• 적절한 사회보장제도 접근하는 것을 거부하거나 제한해서는 안 됨 • 존중 책무를 하지 못한 예 - 국민기초생활보장제도의 부양의무제 - 편의시설(정보 접근, 물리적 접근)을 제공하지 않음
보호	사회보장권 향유를 제3자가 방해하지 않도록 해야 함	• 사회보장제도가 제3자에 의해 시행 · 관리되는 경우 오용 방지를 위한 법체계를 갖추어야 함 • 국가의 관리 · 감독 제도 필요, 구제제도 필요
실현	사회보장권 실현을 위해 적극적인 조치를 해야 함(증진, 제공)	• 증진: 교육 및 정보 제공을 통해 사회보장권리와 필요한 사회보장제도를 인식하게 해야 함 • 제공: 기존 사회보장제도 내에서 자유롭게 접근할 수 없을 때 접근가능한 수단이 제공되어야 함(필요한 사회보장 제도 확충)

20세기 초반 인권보장은 국가에 의한 인권침해 위험이 컸기에 이를 중심으로 논의가 확장되어 왔으나, 이후 비국가 행위자(non-state actors)에 의한 인권침해 문제가 대두되기 시작했다. 왜냐하면 국가에 의한 인권침해가 줄어들더라도 비국가 행위자에 의한 인권침해가 크다면 그 사회의 인권은 보장될 수 없기 때문이다. 예를 들면, 비국가 행위자 중 세계화의 가속화로 영향력이 증대된 다국적 기업의 활동은 개별 국가 내에 국한되지 않거나 국가가 통제하지 못하는 경우들과 같은 많은 한계가 존재함에 따라 이들의 역할에 대한 고민이 국제사회에서 논의되기 시작하였다. 특히 분쟁지역이나 정부의 역할이 취약한 곳에서 기업에 연관된 인권침해 문제는 계속해서 대두되었고, 기업은 그 영향권 범위 내에서 국제적으로 인정된 모든 인권에 부정적 영향을 줄 수 있다는 우려가 지속되었다(국가인권위원회, 2013a).

기업에 의한 인권문제 대응을 위한 여러 가지 국제적인 노력이 있었고, 그중에서 기업과 인권에 대한 UN 사무총장 특별대표로 임명된 존 러기(John Ruggi)는 2008년 보호, 존중, 구제의 세 측면으로 이루어진 UN 기업과 인권 프레임워크(The UN 'Protect, Respect and Remedy' Framework for Business and Human Rights, 이하 UN 프레임워크)를 발표하였고, UN 인권이사회에서 만장일치로 채택되었다. 그리고 2011년 UN 기업과 인권 프레임워크에 대한 구체적 이행원칙(UN Guiding Principles on Business and Human Rights, 이하 'UN 기업과 인권 이행원칙')도 UN 프레임워크의 실천기준으로 승인되었다. 즉, 국가는 기업경영과 관련하여 인권이 침해되지 않도록 보호할 의무(The State Duty to Protect)가 있고, 기업은 인권을 존중해야 할 사회적 책임(The Corporate Responsibility to Respect)이 있으며, 인권침해가 있을 때에는 적절한 사법적 · 비사법적 구제제도(Access to Effective Remedy)를 마련해야 한다는 이행원칙의 기본원칙이 「국제인권법」의 영역에서 승인되었다. 이러한 UN 프레임워크는 인권을 존중하여 경영할 기업의 책임이 국제적으로 승인되었다는 점에서 큰 의미가 있다(국가인권위원회, 2014b). UN 기업과 인권 이행원칙은 이후 국제개발협력기구(OECD), 국제노동기구(ILO), 세계은행(World Bank), UN 글로벌 콤팩트(Global Compact) 등 기업과 인권 관련 거의 모든 국제기준을 수렴하여 인권경영의 국제적 기준으로 자리잡았다(송세련, 2020). UN 기업과 인권 이행원칙의 기본원칙은 〈표 1-2〉와 같다(국가인권위원회, 2013b).

표 1-2 UN 기업과 인권 이행원칙의 기본원칙

구분	기본원칙
국가의 보호 의무	• 국가의 주권이 미치는 영역에서 기업 또는 제3자에 의한 인권침해를 방지해야 함. 정책, 법률, 규칙, 판결을 통해 인권침해를 방지하고, 침해를 조사하고, 처벌하며, 구제를 제공해야 할 의무가 있음 • 주권이 미치는 영역에서 활동하는 기업이 기업활동에서 인권을 존중해야 한다는 기대치를 명확히 설정해야 함
기업의 존중 사회적 책임	• 기업은 타인의 인권을 침해하지 않아야 하며, 기업과 연관된 인권침해적 상황을 해결해야 함 • 기업의 인권존중책임이란 국제적으로 승인된 인권, 즉 국제인권헌장(세계인권선언 시민적 · 정치적 권리에 관한 국제규약, 경제적 · 사회적 · 문화적 권리에 관한 국제규약)과 국제노동기구(ILO)의 '작업장에서의 기본적 원칙과 권리에 관한 선언'에 구체화된 기본적 권리에 관한 원칙(노조를 설립할 자유, 단체교섭의 자유, 강제노동의 금지, 아동노동의 금지, 고용 및 근로에서의 차별금지) 등을 존중한다는 것을 의미함

	• 인권존중책임의 실천을 위해서는, 기업활동에서 인권침해를 초래하거나 야기하는 것을 피하고, 인권침해가 발생하였을 때 구제를 해야 함. 자기 기업활동이 아니라 하더라도 관련 기업체에 의해 제공된 제조물 또는 서비스 기타 기업활동에 직접 연관된 인권침해를 방지하고, 인권침해가 있을 때 구제하도록 해야 함 • 기업의 인권존중책임은 규모, 산업, 업종, 소유형태, 소유구조를 불문하고, 모든 기업에 적용됨. 그러나 인권존중책임을 이행하는 수단의 규모와 복잡성 등은 기업의 인권침해적 영향과 정도에 따라 달라질 수 있음 • 각 기업은 자기 기업의 규모와 상황에 따라 적절한 정책과 과정을 수립해야 함 • 인권존중책임을 실행하기 위한 정책목표의 설정 • 인권 문제에 대한 확인, 인권침해의 방지나 완화, 어떻게 인권침해적 영향을 다루는지에 대한 설명 등을 포함한 인권존중 실천점검 의무의 수립 • 기업이 초래하였거나 기여한 인권침해가 있을 경우에 구제수단 제공
구제에 대한 접근	• 기업 관련 침해로부터 인권을 보호할 국가 의무의 일환으로, 국가는 사법적 · 행정적 · 입법적 · 기타 적절한 수단을 통해, 관할 지역 내에서 인권침해가 발생하면 피해자가 실효성 있는 구제수단에 접근할 수 있도록 해야 함

국내에서도 인권경영[1] 도입을 독려하는 정부 차원의 노력이 가시화되어 국가인권위원회는 「공공기관 인권경영 가이드라인 및 체크리스트 적용 권고」(2014), 「공공기관 경영평가 제도개선 권고」(2016), 「기업과 인권 NAP 수립 권고」(2016) 등을 통해 공공기관의 인권경영 체계 도입을 촉구하였으며, '제3차 국가인권정책 기본계

1) UN '기업과 인권'에 대한 적용을 국내에서는 '인권경영'이라는 용어로 많이 사용하고 있다. 이에 본 저서에서도 인권경영이라는 용어를 사용하였다.

획'(2018-2022)에 인권경영 관련 내용을 포함하였다. 인권경영은 공공기관을 중심으로 확산되고 있는데, 모든 정부부처 및 광역지방자치단체의 산하기관 경영평가에 인권경영 점검지표가 포함되었고, 860개 공공기관이 인권경영 실행계획을 수립하였으며, 행정안전부도 「2019년 지방공기업 경영평가 편람」에 인권경영 관련 지표를 신설하여 평가에 반영하겠다고 공표했다(국가인권위원회, 2019). 또한 법무부도 2019년 민간기업으로의 인권경영 확대를 위한 「인권경영 표준지침」을 마련하고 공청회를 실시하였다(김민우, 2020).

2. 사회복지시설과 인권경영

사회복지는 인간의 인권을 보장하고 적극적으로 실현하기 위한 제도로 인간의 존엄성, 자유, 평등, 사회정의, 사회연대 등의 가치를 추구해 왔다(UNCHR, 1994). 그러므로 사회복지시설(이하 '시설')은 인권보장체계를 갖추어야 하는 데, 최근 시설이 인권을 보장하기 위한 방안으로 인권경영에 대한 관심과 활동이 많아지고 있다(김수정 외, 2021a). 서울특별시 인권위원회에서는 『서울시 사회복지시설 직장 내 괴롭힘 실태조사』(이용재 외, 2019)에 따른 2020년 직장 내 괴롭힘 사전 대응방안으로 '복지시설 인권존중 조직문화 조성을 위한 인권경영 도입'을 검토할 것을 권고했다. 그리고 경기복지재단은 2017년부터 '인권친화적 시설 만들기 지원사업'을 시작하여 2020년부터 본격적으로 사회복지현장의 인권경영 실천을 위한 인권의식 향상과 인권경영 정착을 지원하는 방향으로 전환하여 시행하고 있다. 전라북도도 2024년 4월 사회복지시설(26개 시설)을 대상으로 '인권경영 역량강화 교육 및 맞춤형 컨설팅'을 실시하는 등 사회복지시설 인권경영 체계 구축을 위해 나서고 있다.[2)]

사회복지시설의 인권경영은 특히 총체적인 인권보장을 실현할 수 있기에 필요하다(신재은 외, 2023). 기존 사회복지시설 평가는 인권에 대한 부분을 점검하도록 하고 있으나 이용인 인권침해라는 소극적 입장을 살펴보는 것에 머물러 있어 예방을 포함한 총체적인 인권보장이라는 면에서 부족함이 있었다. 그리고 시설의 인권보장을 위해 공동체가 함께 노력하는 접근이 필요하며, 이를 위해 다양한 이해관계자들의 참여와 역할이 중요하기에 인권경영을 통해 이용인, 사회복지시설종사자, 자원봉사자, 후원자 등 이해관계자들의 인권의식이 향상될 수 있다. 무엇보다 인권경영은 이해관계자들이 참여할 수 있는 환경과 시스템을 갖출 것을 요구하고 있으므로 이해관계자의 참여권이 보장되는 동시에 자력화(empowerment)의 실현과정을 보장할 수 있다.

2) 투데이안(2024. 4. 17.). 전북자치도, 사회복지시설 인권경영 체계 구축 나서(https://www.todayan.com/news/articleView.html?idxno=531421).

제2장

사회복지시설 인권경영 과정

제2장

사회복지시설 인권경영 과정

국가인권위원회는 2018년 공공기관의 인권경영 지원을 위해 『공공기관 인권경영 매뉴얼』을 발표하였고, 공공기관을 비롯한 사회복지시설도 이 매뉴얼에 근거하여 인권경영을 실천하고 있다. 인권경영 추진 과정은 [그림 2-1]과 같이 1단계 인권경영 체계 구축, 2단계 인권영향평가 실시, 3단계 인권경영(사업) 실행, 공개, 4단계 구제절차의 제공으로 이루어져 있다. 이 중 2단계는 다시 기관운영 인권영향평가 실시와 주요사업 인권영향평가 실시로 구분할 수 있다.

『사회복지시설 인권경영 매뉴얼』은 국가인권위원회(2018)의 『공공기관 인권경영 매뉴얼』을 바탕으로 하되, 사회복지시설에 적용할 수 있도록 다음과 같은 부분은 수정하였다. 첫째, 『공공기관 인권경영 매뉴얼』은 규모가 큰 기업을 대상으로 개발되어 상대적으로 소규모인 사회복지시설 적용 시 인권영향평가 체크리스트가 과도하게 많다는 문제가 있다(신재은 외, 2023). 그래서 이 매뉴얼에서는 불필요한 지표를 삭제하였고, 사회복지현장에 맞는 지표들로 추가 ·

<table>
<tr><td rowspan="1">1단계</td><td colspan="2">인권경영 체계 구축</td><td>• 인권경영 추진 시스템 구축
• 인권경영 선언 및 공표
• 기관(기업) 내 확산
• 모든 협력사 확산</td></tr>
<tr><td rowspan="2">2단계</td><td rowspan="2">인권영향평가 실시</td><td>2-1. 기관(기업)운영 인권영향평가 실시</td><td>• 기관(기업)운영 인권영향평가 실시 계획 수립
• 직원교육
• 인권경영위원회 평가 자료 제출
• 인권경영위원회 평가 및 결과 보고서 작성
• 최고 경영진 보고 및 공개</td></tr>
<tr><td>2-2. 주요사업 인권영향평가 실시</td><td>• 주요사업 인권영향평가 실시 계획 수립
• 주요사업 인권영향평가 지표 마련
• 주요사업 인권영향평가 지표 교육
• 인권경영위원회에 평가 자료 제출
• 인권경영위원회 평가 및 결과 보고서 작성
• 최고경영진 보고 및 공개
• 주의사항</td></tr>
<tr><td>3단계</td><td colspan="2">인권경영(사업) 실행, 공개</td><td>• 인권경영(사업) 실행
• 인권경영 전 과정 공개</td></tr>
<tr><td>4단계</td><td colspan="2">구제절차의 제공</td><td>• 구제절차 연구와 준비
• 구제절차 수립
• 구제절차 시행
• 구제절차 시행에 대한 평가와 개선</td></tr>
</table>

그림 2-1 『공공기관 인권경영 매뉴얼』 구성

출처: 국가인권위원회(2021).

수정하였다. 특히 사회복지시설 노동환경 특수성에 맞게 관련 지표들을 정리하였다. 둘째, 『공공기관 인권경영 매뉴얼』에서는 인권경영 추진체계를 4단계로 구분하면서 구제절차의 제공을 마지막 단계로 제시하고 있다. 그런데 1단계인 인권경영 체계 구축에서도 인권영향평가 항목으로 구제절차 마련을 제시하고 있어 혼란을 가져온다. 이는 피해자 구제의 중요성을 감안하여 별도의 단계(4단계)로 구성한 것이나(국가인권위원회, 2018), 오히려 이런 시도가 혼란을 야기하고 있어 『사회복지시설 인권경영 매뉴얼』에서는 4단계 구제절차의 제공을 1단계 인권경영 체계 구축 단계에 포함시켜 인권경영 추진을 3단계로 제시하였다. 『사회복지시설 인권경영 매뉴얼』 구성은 [그림 2-2]와 같다.

<table>
<tr><td>1단계</td><td colspan="2">인권경영 체계 구축</td><td>• 인권경영 추진 시스템 구축
• 인권정책 선언 및 공표
• 사회복지시설 내 확산
• 협력 관계에 있는 시설 및 사람들에게 확산
• 구제절차 제공 및 개선</td></tr>
<tr><td rowspan="2">2단계</td><td rowspan="2">인권영향평가 실시</td><td>2-1. 사회복지시설 운영 인권영향평가 실시</td><td>• 사회복지시설 운영 인권영향평가 실시 계획 수립
• 직원교육
• 인권경영위원회 평가 자료 제출
• 인권경영위원회 평가 및 결과 보고서 작성
• 최고운영진 보고 및 공개</td></tr>
<tr><td>2-2. 주요사업 인권영향평가 실시</td><td>• 주요사업 인권영향평가 실시 계획 수립
• 주요사업 인권영향평가 지표 마련
• 주요사업 인권영향평가 지표 교육
• 인권경영위원회 평가 자료 제출
• 인권경영위원회 평가 및 결과 보고서 작성
• 최고운영진 보고 및 공개
• 주의사항</td></tr>
<tr><td>3단계</td><td colspan="2">인권경영(사업) 실행, 공개</td><td>• 인권경영(사업) 실행
• 인권경영 전 과정 공개</td></tr>
</table>

그림 2-2 『사회복지시설 인권경영 매뉴얼』 구성

1. 1단계: 인권경영 체계 구축

인권경영 체계 구축은 인권경영의 가장 첫 단계로 인권경영 추진을 위한 기본 시스템을 구축하는 것이 목적이다. 인권경영 체계 구축은 크게 다음 다섯 가지 단계로 구성된다.[1]

1	→	2	→	3	→	4	→	5
인권경영 추진 시스템 구축		인권정책선언 및 공표		사회복지시설 내 확산		협력 관계에 있는 시설 및 사람들에게 확산		구제절차 제공 및 개선

1) 인권경영 추진 시스템 구축

(1) 인권경영 담당 부서 및 담당자 지정

- 인권경영은 모든 직원이 함께 추진해야 하지만 중점적으로 이끌어나갈 담당 부서 및 가능하면 담당자까지 지정될 필요가 있다.
- 기존 관련 업무를 경험했거나 운영 관련 업무를 담당하는 부서나 담당자를 임명하는 것이 좋다. 예를 들면, 운영팀, 총무팀 등의 담당부서, 담당자는 해당부서 팀장 또는 시설 내 다양한 협력을 이끌어낼 수 있는 실무책임자(예: 부장) 등이 좋다.

1) 『공공기관 인권경영 매뉴얼』(2018)에서는 '인권경영선언'이라고 표현하였으나 『인권경영 보고 및 평가 지침』(2022)에 따라 '인권정책선언'으로 하였다.

- 각 부서별로 인권업무를 담당할 실무자를 지정하고 실무위원회(인권실무위원회)를 구성하여 운영할 수도 있으며(김수정 외, 2021b), 이때 이를 총괄할 책임자가 있어야 한다.

(2) 인권경영 규정(지침) 제정

- 인권경영을 구체적으로 이행하기 위하여 실행 규정이 제정되어야 한다. 여기에는 인권경영의 실행목적, 인권경영 체계, 인권경영위원회의 구성과 운영, 인권영향평가, 인권실태조사, 이행사항, 구제절차 제공 등이 포함되어야 한다.
- 일반적으로 총칙(제1장), 인권경영 일반원칙(제2장), 인권경영 체계(제3장), 인권경영위원회(제4장), 인권구제시스템(구제절차 제공: 제5장)과 부칙으로 구성된다(김수정 외, 2021b).
- 다음은 만안종합사회복지관의 인권경영 규정(지침)의 일부이며, 전체 지침은 부록에 제시되어 있다.

만안종합사회복지관 인권경영 세부지침

제정 2024. 01. 01.

제1장 총 칙

제1조(목적) 이 지침은 안양시만안종합사회복지관(이하 "복지관"이라 한다)의 인권규정에 따라 복지관을 이용하는 모든 이용인과 직원, 이해관계자의 인권보호와 증진에 관한 계획의 수립 및 그 밖에 필요한 사항을 정함을 목적으로 한다.

제2조(정의) 이 지침에서 사용하는 용어의 뜻은 다음 각 호와 같다.

1. "인권경영"이란 복지관에 의한 인권침해 발생을 예방하고 인권친화적

인 경영활동을 수행하는 것으로서, 복지관이 인권정책선언을 하고 인권실천·점검의무(Human Rights Due Diligence)를 이행하며, 인권침해 피해자에 대한 구제절차를 제공하는 것을 말한다.

2. "기관운영 인권영향평가"라 함은 복지관의 활동 전반을 대상으로 실시하는 평가로서 인권경영체제, 고용, 노동권, 산업안전, 공급망, 현지 주민 등 포괄적인 분야를 대상으로 하는 평가를 말한다.
3. "사업운영 인권영향평가"라 함은 복지관이 추진하는 특정 사업을 대상으로 실시하는 평가로서 해당 사업이 인권에 미치는 부정적 영향을 사전에 파악하고 분석하여 이를 예방하거나 최소화하기 위한 평가를 말한다.
4. "이해관계자"라 함은 이용인과 관련된 이용인의 법정대리인, 활동지원인, 생활지원사, 요양보호사, 복지관 운영과 관련된 외부위원 및 강사, 자원봉사자, 사회복무요원, 사회복지실습생 등을 말한다.
5. "협력기관"이라 함은 병설기관, 민·관 연계기관 등을 말한다.

제3조(적용범위) 복지관에서 이루어지는 인권보장에 관한 사항은 다른 법령 또는 법인 정관, 복지관 운영규정 등에 특별한 규정이 있는 경우를 제외하고는 본 지침을 따른다. 적용범위는 복지관의 이용인, 직원과 이해관계자를 대상으로 한다.

제2장 인권경영 일반원칙

제4조(기본원칙) 복지관은 모든 활동에서 세계인권선언을 비롯한 인권 관련 국제 기준 및 헌법과 법률, 각종 규범을 지지하고 준수한다.

제5조(인권경영 체계 구축) 복지관은 인권, 노동, 반부패, 환경보호의 가치가 조직 내 관행과 문화로 정착될 수 있도록 인권실천 및 점검의무를 포함한 인권경영 체계를 구축한다.

(3) 인권경영위원회 구성

- 인권경영위원회는 인권정책선언, 인권영향평가, 인권실태조사, 피해자 구제 등 관련 인권경영 정책 실행 전반에 대한 의사결정 기구로서의 역할을 수행한다(국가인권위원회, 2018).
- 인권경영위원회 구성 시 시설장이 포함되어야 하고, 그 외에 직원대표, 이용인(거주인), 이용인(거주인)의 가족, 후원자, 자원봉사자, 인권전문가 등 시설의 다양한 이해관계자들의 참여로 구성되어야 한다.
- 인권경영위원회가 독립적인 권한과 활동을 할 수 있도록 다양한 압력으로부터 자유로운 활동이 가능한 외부 위원을 참여시키는 것이 중요하며 적어도 그 수는 1/3 이상이 되어야 한다.
- 이용인(거주인) 대표 선출은 공개모집, 이용인들의 직접 투표로 선출하여 궁극적으로 이용인들의 자력화(empowerment)에 기여할 수 있도록 해야 한다.
- 종사자 대표 선출 역시 단순히 부장 및 국장 등 종사자 상위 직급에서 지정하는 방식이 아니라 민주적 절차에 의해 대표를 선출하여 참여시켜야 한다.
- 사회복지시설의 경우 기존의 운영위원회가 이 역할을 대신하도록 할 수 있으나 그 경우 다음과 같은 점에 유의해야 한다(김수정 외, 2021b). 운영위원회의 기존 역할(시설운영계획의 수립·평가, 시설종사자의 근무환경 및 시설거주인의 생활환경 개선 등에 관한 주요사항 심의)에 있어 인권을 최우선으로 고려하도록 운영위원회의 변화가 필요하다.

(4) 인권교육과 훈련 정례화

- 시설 내 정기적인 인권교육 실시(김수정 외, 2021b)
  - 인권에 대한 기본적인 이해 및 인권경영의 필요성을 인식하지 못한다면 인권경영이 추진되기 어렵다. 따라서 일회성이 아닌 정기적인 교육이 이루어져야 한다.
  - 인권교육 대상: 시설장을 포함한 모든 직원
  - 인권교육의 내용: 인권 기본 교육(지식 함양), 감수성 교육(태도 변화), 직급별 · 업무별 인권경영 실천 역량 강화 교육, 인권경영 직무 역량 교육, 관리자를 위한 인권 기반 리더십 역량 강화 교육 등
  - 일반적인 전달 교육보다는 참여자들의 목소리를 반영하여 조직문화에 긍정적인 변화를 추구해야 하기에 교육 시 나온 의견을 수렴할 수 있는 통로 마련이 필요하다.
  - 장기적인 계획을 세워 단계적으로 인권교육을 실시할 필요가 있으며, 직원들의 자발적인 학습조직으로 운영하는 것도 좋다.

- 훈련 제공
  - 시설장, 인권경영 담당자 등에게 필요한 전문적인 훈련을 제공한다.
  - 국가인권위원회 인권경영 포럼 참가, 국가인권위원회를 비롯한 지방정부, 사회복지단체 등의 인권교육 양성과정 참여 등을 훈련으로 활용할 수 있다.

2) 인권정책선언 및 공표

- 인권정책선언은 기존의 비전과 미션을 인권적 측면에서 살피고 비전과 미션 실현의 인권적 약속을 대외적으로 공표하는 작업이다(김수정 외, 2021b).

(1) 인권실태조사 실시

- 인권실태조사는 사회복지시설의 인권보장 현황을 점검하는 과정으로 조사결과는 인권정책선언문 작성 자료 및 향후 시설의 인권증진을 위한 기준선이 될 수 있다(김수정 외, 2021b). 따라서 실태조사 결과에 부담을 가지고 조사 항목을 작성하지 말고 시설의 인권 상황을 정확히 파악할 수 있도록 실시해야 한다.
- 인권실태조사를 먼저 실시하고 이를 근거로 인권경영 규정 등을 작성하는 것도 가능하다.
- 인권실태조사 과정은 다양한 이해관계자들이 참여해야 한다. 즉, 조사 문항도 일부 직원만이 아닌 이해관계자들이 같이 참여해서 확정하는 것이 필요하며, 조사 대상도 다양한 이해관계자들이 포함되도록 해야 한다. 그리고 그 결과도 모든 사람에게 공유되어 실질적인 변화를 이끌어 낼 수 있어야 한다.
- 조사 내용은 시설 내부의 위험(차별 사건, 인권침해 사건 등) 및 그 대응과정, 직원 및 이용인, 자원봉사자 등 이해관계자들이 경험한 인권위험 및 이들이 요구하는 사항, 지역주민 및 유관기관에서 요구하는 사항 등이 포함되어야 한다.
- 필요시에는 외부기관의 도움을 받아 인권실태조사를 실시할 수도 있다. 이때는 시설 내부의 정보가 유출될 수 있으므로 조

사 목적과 범위 등이 명확하게 규정되어야 한다.

(2) 인권정책선언문 작성 및 공표

- 인권실태조사 결과를 바탕으로 인권정책선언문 초안을 작성한다.
- 인권정책선언문 초안은 공개적으로 의견 수렴을 거친다. 의견 수렴은 충분한 시간을 두고 다양한 이해관계자(직원, 이용인, 자원봉사자 등)가 알고 참여할 수 있도록 해야 하며, 홈페이지 공개, 메일, 포스터, 인쇄물 등의 다양한 방법을 사용한다.
- 인권정책선언문은 일반적으로 〈표 2-1〉과 같이 전문과 본문(각론)으로 구성된다(김수정 외, 2021b). 전문에는 인권경영 헌장의 선포 배경과 의의 및 취지, 본문에는 인권경영의 핵심 원칙, 제도, 실천방안, 시설이 존중해야 할 인권 일반과 시설의 특성과 연관된 인권, 마지막으로 구제에 대한 내용을 담는다.
- 인권정책선언문은 사회복지시설의 특성에 따라 특정한 부분을 강조할 필요가 있다. 예를 들면, 장애인 시설은 이동권 및 편의시설, 아동 시설은 발달권과 참여권 등 더욱 강조될 내용을 포함할 필요가 있다.

표 2-1 인권정책선언문의 구조

구분	주요 내용	세부 내용(예시)
제목	인권정책선언(헌장)	
전문	인권경영 헌장을 선포하는 배경과 의의 및 취지	• 기관/회사의 정체성(비전과 미션) • 보편적 인권에 대한 지지(예: 세계인권선언) • 인권경영 원칙 확인 및 지지 • 인권경영 실천 의지 표명

본문 (각론)	인권경영 핵심 원칙 제시	• UN 기업과 인권 이행원칙(UNGPs) • UN 글로벌 콤팩트(UNGC) 10대 원칙 (전문에 포함할 수도 있음)
	인권 비차별 원칙	• 평등과 비차별 및 성평등
	인권경영 제도와 실천 방안	• 인권경영 시스템과 제도 구축 - 인권경영위원회 - 인권실천점검의무(실사) - 인권영향평가
	이해관계자와의 협력과 참여	• 노동조합과 협력회사 등 이해관계자의 협력과 참여
	사회복지시설이 지켜야 하는 인권-일반	• 노동권(집회와 결사 및 단체교섭의 자유) • 일자리와 고용안정 • 일과 가정 양립 • 아동노동 금지 • 강제노동 금지 • 투명성과 정보공개 • 프라이버시와 정보보호 • 안전에 대한 권리 • 휴식과 건강권
	시설의 특성과 연관된 인권-선택	• 이용인(거주인)의 인권보호
	구제	• 인권침해 구제 방안
채택일	공식적인 채택일	• 공식 행사 개최 일자
채택 주체	임직원	

출처: 김수정 외(2021b), p. 340.

- 작성된 인권정책선언문은 내부 절차에 따라 최고 의사결정기구를 거쳐 추진 근거 및 실행력을 확보해야 한다.
- 인권정책선언문 공표는 창립기념일, 인권의 날(매년 12월 10일)

등 적절한 시기를 택하여 공표하면 좋다. 공표식이 있을 경우에는 시설장, 직원대표, 다양한 이해관계자 등이 참여하여 공식화하는 것이 바람직하다.

- 공표한 선언문은 홈페이지에 게재하여 널리 알린다.
- 다음은 인권정책선언문의 예로 경기도 장애인거주시설인 '옹달샘'에서 실제 작성하여 사용하고 있다.

모든 사람의 인권샘터, 옹달샘 인권경영선언문

옹달샘은 장애인의 기본적 인권을 보장하고 옹호하며, 삶의 주체로서 행복을 추구할 수 있도록 지원하고 있다.

옹달샘은 모든 사람에게 존엄함과 동등한 권리가 있음을 인식하고, 모든 사람들이 자유롭고 평등하며 행복하게 살아갈 권리가 있음을 확인하며, 특히 옹달샘 입주인의 인간다운 삶 보장을 위한 인권경영을 선언한다.

옹달샘은 입주인, 임직원, 협력기관, 시민, 지역사회 등에 대한 인권존중 및 보호의 책무를 이행하는 한편, 인권경영의 확산을 위해 다음과 같이 노력한다.

하나, 우리는 세계인권선언, UN 장애인권리협약을 비롯한 인권 관련 국제기준 및 헌법과 법률은 물론 장애인차별금지 및 권리구제 등에 관한 법률 외 각종 인권규범을 지지하고 준수한다.

하나, 우리는 인권, 노동, 반부패의 가치가 조직 내 관행과 문화로 정착될 수 있도록 인권경영 체계를 구축한다.

하나, 우리는 모든 사람의 인권을 존중하며, 특히 입주인의 인권을 최우선으로 기관운영을 한다.

하나, 우리는 입주인의 자기결정권 실현을 위해 노력하고, 자유로운 의사표현이나 의견개진 또는 자유로운 이동과 접근을 보장한다.

하나, 우리는 관계 법령에서 정한 모든 형태의 차별을 금지하고 다양성을 존중하며 특히 약자 · 소수자의 권리를 보호한다.

하나, 우리는 결사 및 단체교섭의 자유와 권리를 보장한다.

하나, 우리는 어떠한 형태라도 아동노동, 강제노동을 허용하지 않으며, 보건, 안전, 근무시간 등과 관련하여 국제노동기구(ILO)가 권고하는 국가가 비준한 모든 노동원칙을 준수한다.

하나, 우리는 직장 내 성희롱 · 괴롭힘을 적극적으로 예방한다.

하나, 우리는 국내외 환경 관련 법규를 준수하고, 환경보호와 지속가능한 자원의 활용을 위해 노력한다.

하나, 우리는 운영 과정에서 취득하는 개인정보를 보호하고, 장애인 인권존중을 위해 필요한 업무 관련 정보를 공개한다.

하나, 우리는 운영과정에서 발생할 수 있는 부정적 인권영향을 미리 파악하고, 인권침해를 사전에 예방하며, 나아가 새로운 관련법규정 체계의 변화가 있을 경우 검토하고, 신속하고 적극적인 구제를 제공하기 위해 노력한다.

3) 사회복지시설 내 확산

- 인권정책선언문을 인쇄 또는 인트라넷, 메일 등을 활용하여 시설 내 각 부서에 배포한다.
- 인권정책선언문의 설명 자료를 만들어 시설 내에 공유한다.

4) 협력관계에 있는 시설 및 사람들에게 확산

- 협력관계에 있는 시설 및 사람들에게 인권경영선언문을 배포한다. 예 식자재 제공 업체, 자원봉사단체, 프로그램 활동 강사 등

5) 구제절차 제공 및 개선

- 아무리 단호하게 노력해도 모든 인권침해를 다 막을 수는 없기 때문에 피해자가 사법적 방식과 비사법적 방식에서 효과적인 구제제도에 잘 접근할 수 있도록 하는 것이 중요하다(Ruggie, 2013).
- 구제방식은 크게 사법적 권리구제와 비사법적 인권구제로 나눌 수 있는데, 소송 등으로 대표되는 사법적 권리구제는 시간이 오래 걸리고, 비용이 많이 들고, 절차가 복잡하여 쉽게 접근하기 어렵다는 점이 문제로 제기된다. 비사법적 인권구제는 사법적 권리구제에 비해 편리하고 신속하게 이루어지며 비용도 저렴하다는 장점이 있다(한국인권재단, 2013).

표 2-2 사법적 구제와 비사법적 구제 비교

대안	사법적 구제책 (Judicial Grievance Mechanism)	비사법적 구제책 (Non-Judicial Grievance Mechanism)
종류	• 형사 혹은 민사 법정, 노동재판소 등	• 정부 기반: 국가인권기구, NCP 등 • 비정부 기반: 회사 차원에서는 핫라인 등의 고충처리 시스템, 외부 중재자 활용, 외부 메커니즘 이용

장점	• 근본적인 제도 개선과 재발 방지	• 빠르고, 접근이 용이하며, 비용이 덜 듦
주요 사항	• 비용 문제, 소송요건 문제 등에 직면하는 경우가 많음	• 합법성, 접근성, 예측 가능성, 공평성, 투명성의 원칙에 근거하여 신뢰성을 확보가 중요

출처: 국가인권위원회(2021).

- 인권침해가 발생했을 때에는 '침해에 대한 궁극적인 책임자가 누가 되는지에 상관없이' 적절하고 효과적인 구제책에 대한 접근성이 제공되어야 하며, 시정 내용에는 보상, 원상 회복, 재발 방지 보장, 관련법 개정, 공식사과 등이 포함되어야 한다(국가인권위원회, 2021).

(1) 기존 구제절차 점검 및 준비

- 시설에 가장 적절한 구제절차를 만들기 위해서는 먼저 기존에 시설에서 운영하고 있는 구제절차(고충처리위원회, 인사위원회 등)를 점검한다. 점검 시 실제 신고가 잘 이루어지고 있는지, 신고 등 운영이 활발하지 않다면 그 이유가 무엇인지를 파악해서 개선할 구제절차를 만들어야 한다. 예 개인정보 노출에 대한 두려움으로 신고접수가 미비함 → 안전한 신고 환경을 구축해야 함
- 활용 가능성이 높은(또는 접근 가능성이 높은) 외부 구제제도(근로감독관, 국가인권위원회, 지방정부 인권센터 등)의 점검도 같이 이루어져야 한다. 시설의 인권과 관련 있는 결정례 또는 사례를 충분히 검토하여 시설 구제절차에 적용할 수 있도록 한다.

- 참고
  - 국가인권위원회 결정례
    (https://case.humanrights.go.kr/dici/diciList.do)
  - 서울시 시민인권보호관 인권침해 결정례집
    (https://news.seoul.go.kr/gov/archives/554236)
  - 경기도 인권센터 인권침해 · 권고 결정례
    (https://www.gg.go.kr/humanrights/bbs/board.do?bsIdx=784&menuId=3642)
- 유사한 사회복지시설의 구제절차를 벤치마킹하는 것도 도움이 된다.
- 인권영향평가를 통해 도출된 인권위험과 잠재적 인권침해를 구제절차에 반영해야 한다.
- 구제절차는 독립적이고 책임있게 수행할 수 있어야 한다.

(2) 구제절차 수립

- 구제절차 점검을 기반으로 개별 시설에 맞는 적절한 구제절차를 마련하고, 관련 규정 마련, 조직 개편 등을 통해 구제절차를 제도화한다.
- 시설 내부 구제절차의 예는 [그림 2-3]과 같다. 구제절차의 예는 종사자 규모 10인 이상의 시설을 대상으로 하였고, 10인 미만의 시설은 내부 구제절차 진행이 현실적으로 어렵기에 외부 구제절차를 활용하는 것이 적절하다고 생각된다.
- 구제절차가 수립되면 모든 이해관계자가 다양한 시설 내부 · 외부의 다양한 구제절차를 쉽게 이용할 수 있도록 홍보 및 교육을 해야 한다(김수정 외, 2021b).

단계	내용
상담 및 사건 접수	• 규정 및 관련 법령, 전문 상담기관 안내: 시설 내부 구제절차, 외부 구제절차 안내 • 정식조사 심의 외 대안: 피해 행위 의견 조정 → 당사자 간 합의 지원 및 상담 종료 • 담당부서로 이첩
⬇	
사건 조사	• 조사위원회 구성: 외부위원 1/2 이상, 조사 기본 내용 결정 등 • 인권침해 사실조사: 피해자 진술, 행위자 사실 확인, 참고인 조사 • 조사결과 종합보고서 작성
⬇	
인권경영위원회	• 조사내용 심의: 심의 시 당사자 소명 기회 부여 • 사건 판단 및 의결: 조정, 권고, 기각, 이송 등 결정 • 피해자 지원 및 보호조치, 재발방지 대책 수립 등 제안
⬇	
의결결과 통보	• 인사위원회 처리 절차 이행: 징계 수위 확정
⬇	
시정 및 조치	• 당사자 및 관련부서에 의결사항 통보 • 관련 조치: 징계, 시정, 재발방지 교육 등 • 사후 정기적 모니터링

그림 2-3 구제절차의 예

① 상담 및 사건 접수

- 마련된 매뉴얼에 따라 진행한다. 초기 신고 접수자(상담자)를 명확히 설정하는 것이 필요하다.

- 다양한 방식으로 누구나 신고할 수 있는 분위기 조성이 중요하며, 구제절차에 대한 교육이 필요하다.
- 초기 상담은 구제절차에 대한 정확한 정보를 제공하는 것이다. 이때 시설 내부 구제절차 및 시설 외부 구제제도에 대한 정확한 정보를 제공한다.
- 신고자가 스스로 판단을 내릴 수 있도록 충분하게 정보가 제공되어야 한다.
- 정식조사 심의 외 대안이 있을 수 있다. 이것은 피해 행위 의견을 조정하는 것으로 당사자 간 합의 지원 및 상담 종료, 재발방지 약속 등의 방식이 있을 수 있다. 이러한 방식들에 대한 합의가 향후 이루어졌는지에 대한 확인이 필요하다. 이 경우에는 중재위원회를 구성하고 조사위원회가 중재위원회를 대체할 수 있다.
- 시설 내부 정식조사를 할 경우 해당 부서로 이첩한다.
- 시설 구제제도 구축이 어려운 소규모 시설과 독립적 운영이 어려운 사유화된 시설을 위해 외부 구제 지원이 필요하다. 지방정부의 인권센터 등을 활용하는 방법이 있다.

② 사건 조사

- 조사위원회를 구성한다. 독립적인 조사가 가능하도록 조사위원회 위원은 시설장을 제외하여 구성하되 외부위원이 1/2 이상이 되도록 한다.
- 조사위원회 구성의 예로 직원대표, 독립적 활동이 가능한 외부인사, 전문가를 포함한다.
- 정식조사 결정 시 조사 관련 기본 내용을 결정해야 한다. 결정

할 내용은 조사 방향, 조사 범위, 조사 대상, 조사 기간, 비용 부담 등이다.

- 인권침해 사실 조사 시 피해자의 진술, 행위자 사실 확인, 참고인 등을 조사한다.
- 조사결과 종합보고서를 작성한다.
- 조사 과정에서 피해자 보호(심리상담 지원 등)와 지목된 행위자 관련 조치 규정을 마련해야 한다. 이를 통해 피해자 비난 및 2차 피해를 방지할 수 있다. 지목된 행위자에 대한 조치도 있어야 하는데, 사건처리 절차에 대해 설명하고 지목된 행위자의 억울함 호소에 대한 의견 청취도 필요할 수 있다.
- 피해자 보호를 위해 피해자와 지목된 행위자 분리(근무장소 변경, 배치 전환, 유급휴가 등)가 필요할 경우 이를 실시한다.

③ 인권경영위원회

- 판단 전 조사결과 종합보고서에 대해 피해자와 행위자의 소명 기회를 부여한다.
- 조사결과 종합보고서를 바탕으로 인권침해 사건을 판단하고 의결한다(조정, 권고, 기각, 이송 등 결정).
- 피해자 지원 및 보호조치, 재발방지 대책 수립 등을 제안한다.

④ 의결결과 통보

- 인사위원회 처리 절차를 이행하여 징계 수위를 확정한다.

⑤ 시정 및 조치

- 당사자 및 관련 부서에 의결사항을 통보하고 관련 조치(징계, 시정, 재발방지 교육 등)를 실시한다.
- 행위자 재발방지 교육 등 행위자 관련 사안은 행위자가 비용을 부담한다(징벌적 의미).
- 사후 정기적인 모니터링을 통해 재발방지를 위해 노력한다. 정기적인 실태조사(인권영향평가를 활용해도 좋음)를 통해 인권위험 발생 구조를 점검하고 개선한다.

(3) 구제절차 평가와 개선

- 정기적인 평가(년 1회 이상)를 통해 구제절차를 개선해야 한다. 인권담당 부서에서 실시하거나 인권경영위원회가 실시할 수도 있다.
- 적절한 평가 내용과 방법에 대해 인권경영위원회, 직원, 이해관계자의 의견을 수렴한다.
- 평가의 주요 내용은 실제 사용경험 여부, 과정과 결과에 대한 만족도, 개선점 등을 포함한다.
- 2~3년마다 외부 기관에 의뢰하여 평가를 받는 것도 바람직하다.
- 평가 결과를 바탕으로 인권담당 부서는 구제제도와 절차를 개선한다. 최종안 마련 시 직원들과 이해관계자들의 의견을 수렴한다.
- 최종 개선안은 시설 내부에 공지한다.

2. 2단계: 인권영향평가 실시

사회복지시설의 인권영향평가는 시설 운영 과정 또는 그 결과로 인해 이용인, 노동자, 지역사회 주민 등 이해관계자의 인권 향유에 부정적 영향을 미칠 수 있는 실제적·잠재적 인권리스크를 파악하고 이해하며, 평가 및 해결하기 위한 절차로 정의할 수 있다. 따라서 인권영향평가는 체크리스트를 활용해 인권리스크를 파악하는 것에 그치는 것이 아니라 사전계획 수립부터 평가 및 보고까지 일련의 체계적인 절차를 의미한다.

사회복지시설 인권영향평가 절차는 국내외 인권 규범과 법률, 해외 인권 기구 및 비영리단체의 매뉴얼과 지침, 국가인권위원회와 법무부의 가이드라인을 참고하여 개발하였다.

1) 국내외 인권 기구 및 비영리단체의 인권영향평가 지침

(1) 덴마크인권기구(Danish Institute for Human Rights: DIHR) 인권영향평가 지침 및 툴박스

덴마크인권기구(DIHR)는 2020년 UN 기업과 인권에 관한 이행 원칙을 기반으로 한 인권영향평가 절차를 개발하였다.

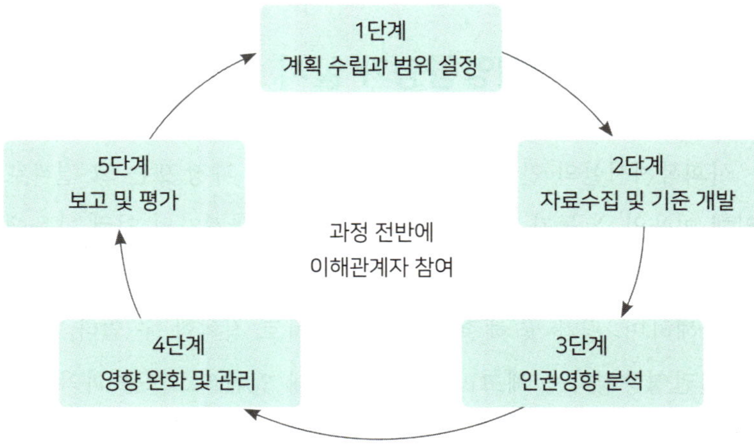

그림 2-4 인권영향평가 절차

출처: DIHR (2020).

덴마크인권기구(DIHR)의 인권영향평가 절차의 단계별 주요 내용은 〈표 2-3〉과 같다.

표 2-3 덴마크인권기구(DIHR)의 인권영향평가 절차의 단계별 주요 내용

단계	주요 내용
1단계: 계획 수립과 범위 설정	인권영향평가 절차에 대한 계획 수립 • 인권영향평가 팀 구성: 인권 전문성 및 조사 경험, 지역 상황에 대한 지식, 올바른 언어 능력, 특정 분야에 대한 지식과 인권과의 관련성을 이해하는 팀원을 포함하며, 외부 전문가를 포함할 수 있음 • 인권영향평가의 범위 설정: 평가 대상 사업, 국가나 지역의 인권 상황, 이해관계자 파악
2단계: 자료수집 및 기준 개발	현장에서 노동자, 지역사회 및 기타 권리 보유자에게 미치는 인권영향 조사 • 자료수집: 현장조사, 포커스 그룹 인터뷰를 통해 노동자, 지역사회 구성원, 관련 권리 보유자 등 이해관계자의 인권 상황에 관한 자료수집 • 기준 개발: 수집된 자료와 국제 인권규범 및 국내법을 토대로 인권 상황을 측정하는 인권영향평가의 기준 개발

3단계: 인권영향 분석	확인된 인권영향의 심각도를 평가하고, 기관이 그 영향과 어떤 관련이 있는지 평가 • 인권영향의 심각도 평가: 심각도는 범위(영향을 받는 사람들의 수), 규모(영향의 심각도), 영향 완화 가능성, 회복 불가능성 등에 따라 결정하며, 모든 영향을 동시에 해결하는 것이 불가능할 경우 영향은 심각도 순으로 해결 • 기관의 영향 유형 파악: 직접적 원인(고용차별 관행 등), 기관의 활동 및 제3자를 통한 영향(인터넷 가입자 정보를 외부 유출 등), 기관 운영이나 서비스와 연결(하도급 계약 업체의 아동노동 등)
4단계: 영향 완화 및 관리	인권영향을 예방하고, 해결하기 위해 기관, 인권영향평가 팀, 이해관계자가 협의해 세부적인 계획 수립 • 인권영향 계획 및 자원 확보: 예방, 완화 및 교정을 통하 인권영향을 해결하기 위한 조치를 설계하고 구현하며, 조치에 대한 효과성 모니터링, 예상하지 못한 인권영향 처리, 고충 해결을 위한 자원 배정 • 인권영향을 해결하기 위한 조치 실행: 인권영향을 완화하기 위해 회피(인권영향을 피하기 위한 사업 또는 계획 변경), 감소(인권영향을 최소화하기 위한 조치), 복원(현재 상태로 복원하거나 회복하기 위한 조치), 보상(다른 접근 방식이 불가능하거나 효과적이지 않은 경우 현물이나 다른 수단으로 보상) 등의 조치 실행 • 모니터링: 확인된 영향을 해결하기 위한 조치가 이행되었는지, 영향을 효과적으로 해결하는지에 대한 후속 조치로 무엇을, 언제, 얼마나 자주, 누가 모니터링할지 정확하게 계획 수립 • 구제제도 및 고충처리에 대한 접근성 확보: 노동자 및 구성원들이 인권과 관련된 고충을 제기할 수 있는 기관 운영 차원에서의 고충처리 제도 운영
5단계: 보고 및 평가	투명성과 책임성을 위한 필수적인 단계로 이해관계자들에게 인권영향평가 결과를 명확하게 보고 • 인권영향평가 과정과 결과 보고: 회의, 이해관계자와의 협의, 공식 공개 보고서를 통해 보고할 수 있으며, 가능한 한 보고서로 출판 • 인권영향평가 보고서: 인권영향평가 방법, 과정, 조사 결과 및 완화조치, 모니터링 및 평가를 위한 미래 계획을 명시 • 지속적인 평가 및 개선: 최종 보고서 발간 이후 예상하지 못한 영향과 기관의 정책 및 관행에 대한 실질적인 변화를 모니터링하고, 인권영향을 받는 이해관계자에게 지속적으로 보고

모든 절차에서 핵심은 인권영향평가 과정 전반에 걸친 이해관계자의 참여권 보장이다. 이해관계자란 기관의 사업이나 활동에 이해관계가 있거나 영향을 미치는 개인, 집단, 조직은 물론 잠재적으로 영향을 받는 사람들을 의미한다. 인권영향평가와 관련된 이해관계자는 권리 보유자, 인권 책무자 및 기타 관련 당사자가 포함된다.

인권영향평가에 참여하는 이해관계자

권리 보유자

권리 보유자는 노동자, 공급망 노동자, 여성, 아동, 원주민, 성소수자, LGBT+인, 이주민, 장애인 등을 포함한 지역사회 구성원, 인권 옹호자, 고객, 최종 사용자 등이다. 노동조합이나 종교기관과 같은 조직이나 단체는 권리 보유자가 아니지만 대표자격으로 행동할 수 있다. 권리 보유자는 인간이라는 이유로 자신의 권리를 향유하고 행사할 권리가 있으며, 자신의 권리가 침해된 경우 효과적인 구제 수단에 접근할 수 있다.

인권 책무자

인권 책무가 있는 행위자 또는 권리 보유자에 대한 책임이 있는 행위자를 의미한다. 국가는 주요 인권 의무 이행자로서 인권을 존중하고 보호하며 이행해야 할 법적 의무가 있다. 기업은 타인의 권리를 침해하지 않아야 하고, 인권을 존중할 책임이 있다. 기업에서 인권 책무자는 사업 운영 또는 사업 활동 수행, 공급업체 및 계약업체, 합작 투자 또는 기타 사업 파트너, 국가 등이다.

기타 관련 당사자

기타 관련 당사자에는 인권영향평가에 도움이 될 수 있는 지식이나 관점을 가진 개인이나 조직이 포함될 수 있다. 예를 들어, UN이나 국제노동기구(ILO)

의 전문가 대표, 국가인권기구, NGO(nongovernmental organization) 및 CSO(Civil Society Organization), 지역이나 국제적 인권 전문가, 권리 보유자 대표 또는 대표 조직 등이다.

이해관계자의 참여를 위한 조치를 단계별로 살펴보면, 첫 번째, 계획 및 범위 설정 단계에서는 인권영향평가 과정에 참여해야 하는 이해관계자를 파악한다. 이를 위해 이해관계자와의 예비 인터뷰를 진행할 수도 있다. 두 번째, 자료수집 및 기준 개발 단계에서 권리 보유자, 인권 책무자 및 기타 관련 당사자와의 인터뷰를 진행해 1차 자료의 주요 소스로 활용한다. 세 번째, 영향 분석 단계에서 영향의 심각도를 평가할 때 권리 보유자의 입장과 관점에서 평가한다. 네 번째, 영향 완화 및 관리 단계에서 이해관계자는 부정적 인권영향을 예방, 완화 및 해결하는 조치를 설계하고 구현하는 데 참여할 뿐만 아니라 이를 모니터링하는 데 참여해야 한다. 마지막으로, 이해관계자, 특히 권리 보유자는 의미 있고 접근 가능한 방식으로 결과에 대한 정보를 받아야 하며, 이후 평가 과정에 참여해야 한다. 예를 들어, 영향을 받는 사람들의 의미 있는 참여를 보장하는 것이 인권영향평가 과정의 전제조건이 되어야 한다. 인권영향평가에 참여하면 권리 보유자가 정보에 접근하고 기관의 사업이나 활동을 더 잘 이해할 수 있고, 인권 책무자는 각자의 책임에 대해서도 배울 수 있다. 인권영향평가에 인권 책무자 및 기타 관련 당사자가 참여하는 것은 포괄적인 평가를 보장하고 책임성을 강화하는 데 필수적이다.

(2) 캐나다 Rights & Democracy의 지역사회기반 인권영향평가

캐나다의 Rights & Democracy는 2004년 민간투자로 인한 지역사회의 인권영향을 평가하기 위해 시민사회단체에서 활용할 수 있는 지역사회기반 인권영향평가(Community-Based Human Rights Impact Assessment)를 개발하였다. 여기에서 제시한 인권영향평가 절차는 6단계인 준비, 법적 체계 검토, 지침 적용, 조사(평가), 분석 및 보고서 작성, 참여, 모니터링 및 후속조치로 구성되었다. 각 단계는 연속된 단계로 제시되었지만 과정 자체는 반복적이기 때문에 각 단계 사이를 오가야 할 수도 있다.

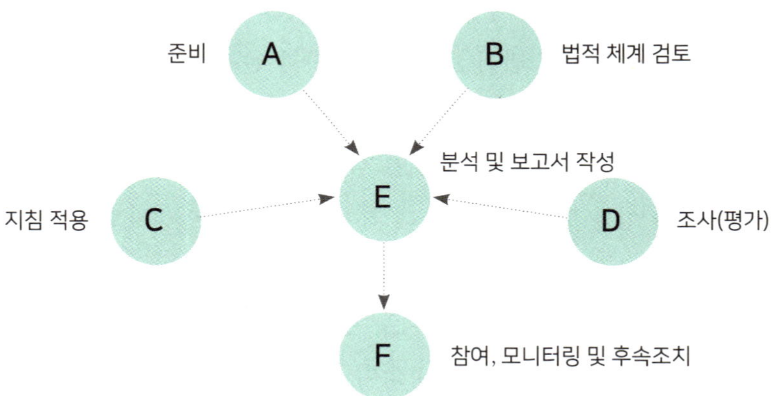

그림 2-5 지역사회기반 인권영향평가 절차

출처: Rights & Democracy (2004).

지역사회기반 인권영향평가에서는 인권영향평가 과정에 대한 세 가지 사항을 강조한다. 첫째, 모든 경우에 적용되는 일률적인 영향평가 방법은 없다. 참고한 매뉴얼이나 도구에서 제안한 내용이 평가하고자 하는 특정 상황에 맞지 않을 수도 있고, 내용 중 일부만 사용할 수도 있다. 인권을 중심에 두고 있다면 필요에 맞게 절차를 자유롭게 조정할 수 있다. 둘째, 평가 단계의 순서는 권장 사항이며 필요에 따라 단계를 재구성할 수 있다. 셋째, 일부 단계는 재검토해야 할 수도 있다. 예를 들어, 특정 집단이나 개인과 여러 차례 상담해야 할 수도 있다. 유연성을 유지하고 현재 상황에 따라 접근 방식을 조정하는 것이 중요하다.

(3) 옥스팜의 인권영향평가 품질에 대한 평가 틀

옥스팜(2023)은 인권영향평가의 품질을 평가하기 위한 평가 틀(Human Rights Impact Assessment Framework)을 개발했다. 이 평가 틀의 모든 기준을 충족하는 경우 해당 기관의 인권영향평가는 강력한 것으로 간주할 수 있으며, 기준을 충족하지 못하는 경우 주요 약점과 개선해야 할 영역을 발견할 수 있다.

① 평가 팀: 경험, 기술 및 자질

평가 팀 구성은 평가자와 기관 사이의 관계를 밝히고, 기관으로부터 가능한 한 많은 독립성을 추구하는 것이 중요하다. 인권영향평가가 내부에서 수행될 경우 보고서에 명확히 명시되어야 하며, 보고서의 객관성을 높이기 위해 취한 조치가 설명되어야 한다. 권리 보유자와의 협력은 중요한 구성요소로 평가자는 권리 보유자와의 협력 경험이 있거나 신뢰를 쌓을 수 있는 능력이 있어야 한다. 평가 팀의 전문성이 부족한 경우 다른 전문가와 협업할 수 있으며, 기관에서는 인권영향평가에 참여하는 구성원의 역량을 증진하고, 개발할 수 있는 기회를 제공해야 한다.

평가 팀: 경험, 기술 및 자질
a. 기관으로부터의 독립성(기관과 평가자와의 관계): 내부 팀인 경우 평가 과정의 객관성을 높이기 위한 조치를 명시
b. 평가 팀 및 구조에 대한 설명
c. 권리 보유자와의 사전 소통 및 상황에 대한 이해
d. 기업과 인권, 정치 분석, 성별 분석, 인권영향평가와 관련된 특정 문제 및 연구 방법론에 대한 관련 전문 지식

② 인권영향평가의 범위: 평가 대상의 대표성 및 관련성

평가는 평가 대상(사업)에 초점을 맞춰야 하며, 평가 대상을 선정한 근거가 잘 설명되어야 한다. 가장 중요한 기준은 권리 보유자에 대한 인권 위험의 현저성과 심각도로 기관에 대한 위험보다는 권리 보유자의 위험에 중점을 두어야 한다.

인권영향평가의 범위: 평가 대상의 대표성 및 관련성
a. 권리 보유자의 인권 위험 기준(현저성, 심각도), 규모, 영향력, 부정적인 영향을 완화할 수 있는 기회 여부
b. 근거에 대한 설명과 격차 및 한계에 대한 평가
c. 최근에 인권영향평가를 수행하지 않은 경우나 기존 인권영향평가 결과를 기반으로 하는 경우 새로운 내용을 다루어야 함

③ 참여: 자료수집 및 조건, 참여대상

의미 있는 권리 보유자의 참여는 인권영향평가 과정의 필수 요소이며, 노동자 및 권리 보유자와의 인터뷰는 가능한 가장 안전하게 수행되어야 한다. 예를 들어, 인터뷰 참여자가 원할 경우 비밀을 보장해야 하며, 인터뷰 자리에 기관 대표가 참석해서는 안 된다. 자료수집은 권리 보유자와의 직접 인터뷰나 포커스 그룹 인터뷰가 이상적이나 설문조사 및 직접관찰을 포함해 다양한 방법을 사용할 수 있다. 인권영향평가에는 권리 보유자의 인터뷰가 최대한 많이 포함되어야 하는데, 이를 위해서는 모든 이해관계자와 잠재적으로 영향을 받을 수 있는 권리 보유자를 정확하게 파악하는 것이 필요하다.

참여: 자료수집 및 조건, 참여대상
a. 인권영향평가 절차에 대한 자세한 설명을 제공
b. 정보 제공자의 안전을 보장하기 위해 평가자가 취한 조치(기관 내부에서 인권영향평가를 실시하는 경우 권리 보유자의 참여는 독립적인 제3자가 수행).
c. 평등과 비차별: 자료수집 및 참여에 있어 성별 고려
d. 정보에 입각한 참여: 프로젝트 및 과정에 대한 정보 제공
e. 참여 시기: 권리 보유자의 일상적인 현실을 고려
f. 성별 분석과 함께 표본 선택에 대한 자세한 설명 기술
g. 가장 취약한 집단을 중심으로 다양한 견해를 가진 권리 보유자와 협력
h. 관련 집단의 의미 있는 표본: 노동자, 노동자 협회, 노동조합, 소수자 및 취약계층을 포함한 영향을 받는 지역사회, 시민 사회 단체, 관련 종교 단체, 지방 및 지역 당국, 노동 조사관, 기관 대표 등
i. 이해관계자 및 권리 보유자가 참여한 문제와 우선순위를 정한 방법에 대한 설명
j. 조사 결과는 이해관계자와 권리 보유자들이 이해할 수 있는 언어로 전달

④ 인권 분석 체계의 영향력

인권영향평가의 근거로 국제적으로 인정된 모든 인권이 포함되며, 최소한 국제인권장전, UN 핵심인권조약, ILO의 노동 기본원칙과 권리 선언에 명시된 기본권에 관한 원칙을 포함한다. 다양한 권리를 명시하고 있는 평가 대상의 국내외 법률도 포함하며, 투명성을 확보하기 위해 인권영향평가 과정을 공개한다.

기준
a. 방법론에는 최소한 국제인권장전, 9개 UN 핵심인권조약, ILO의 노동 기본원칙과 권리 선언에 명시된 기본권에 관한 원칙을 포함한다.
b. 선택된 다양한 권리에 대한 최소 요건을 제시하는 법적 틀(국내외 법률 및 기타 관련 요건)을 포함한다.
c. 책임성: 다양한 수준의 책임과 의무를 인지하게 되고, 인권 책무자와 권리 보유자가 구분된다.
d. 투명성: 인권영향평가는 공개되고, 쉽게 접근할 수 있다. 보안을 이유로 일부 요소를 공개할 수 없는 상황에서는 사전에 합의가 이루어져야 한다.
e. 인권의 상호 연관성과 불가분성: 인권영향평가는 하나의 상황이 여러 인권에 영향을 미칠 수 있다는 점을 인정한다.

⑤ 인권영향평가의 견고성

기업과 관련된 인권영향의 전체를 파악하기 위해서는 인권영향의 구조적 동인에 대한 심층 분석이 필요하다. 기업은 내부 정책과 관행이 인권에 어떻게 영향을 미치는지에 근본적인 원인을 분석해야 한다. 분석은 충분히 견고해야 하며, 다양한 구조적 요인에 대해 평가해야 하고, 해당되는 경우 기업의 책임을 명확히 밝혀야 한다. 분석은 국가 및 업계에 영향을 미치는 정치 · 경제 요인을 포함한다. 만일 사회에 체계적인 성 불평등이 존재한다면 기업은 그러한 인권침해가 발생하지 않도록 정책을 개발해야 한다. 적정 수준 이하의 낮은 임금은 식량권, 주거권 등 다른 권리에도 영향을 미칠 수 있어 인권영향평가는 기업이 인권에 미치는 영향을 종합적으로 살펴봐야 한다.

기준
a. 실제적이고 및 잠재적 인권영향을 파악한다(권리 보유자에게 미치는 부정적 영향에 중점).
b. 인권영향은 다양한 견해를 가진 권리 보유자로부터 직접 수집한 자료를 통해 입증한다. 인권영향 결과에는 권리 보유자의 구체적인 사례와 인용문을 제공하며, 기업은 추가 조사를 위한 조치를 취한다.
c. 인권영향에 대한 자세한 분석을 제공한다. 조사 결과는 삼각검증(권리 보유자, 기관, 기타 이해관계자)을 거쳐 정량적 데이터(해당되는 경우)를 포함한 다양한 종류의 증거를 통해 입증한다.
d. 영향의 심각도를 평가하여 조치를 위한 우선순위를 결정한다.
e. 성별에 기반해 분석하고, 인권영향의 교차성에 대해 인식한다.
f. 평가 대상인 인권은 명확하게 명시하고 설명해야 하며, 평가 대상 선정 과정에 의미 있는 권리 보유자의 의견을 반영해야 한다.
g. 인권영향에 대한 기업의 책임과 역할의 정도를 명시한다.
h. 근본 원인 분석: 기업의 정책 및 관행 등 인권에 영향을 미치는 구조적 요인과 기관이 인권에 미치는 영향을 분석한다.
i. 정치적 · 경제적 · 국가적 맥락 파악: 국가의 빈곤 수준 및 생활 임금/소득, 근본적인 성 불평등 등을 파악한다.

⑥ 권고사항의 적정성

인권영향평가가 독립성을 확보하기 위해서는 모든 권고안을 제3자 또는 독립된 전문가가 개발하고, 내용 구성에 대한 통제권을 유지하는 것이 중요하다. 기업 내부에서 인권영향평가를 시행하고 권고안을 개발한 경우 권고안은 권리 보유자가 파악한 우선순위와 합리적인 해결책을 반영해야 한다. 제안된 권고안은 인권영향평가에서 확인된 모든 인권영향을 다루기에 충분해야 하며, 성별영향에 따른 맞춤형 조치를 포함해야 한다. 권고안은 기업을 대상으로 하고 측정 가능하며, 적절한 모니터링이 가능하도록 구체적이어야 한다.

기준
a. 권고사항은 확인된 모든 인권영향을 포함하며, 해당 영향을 해결하기 위한 합리적인 수단을 제시한다.
b. 성별에 따른 권고사항이 있다.
c. 권고사항은 기업에 전달한다. 자체적으로 조치를 취하고, 가능한 경우 기존의 문제 해결을 위해 노력하는 주체들과 협력한다.
d. 권고사항은 기업의 사업 모델(협력업체와의 관계 포함)을 다룬다.
e. 권고사항은 평가자/제3자가 개발한다. 기업에서 인권경영영향평가를 수행하는 경우, 권리 보유자가 권고안 설계에 참여해야 하며, 결과와 권고안을 검증할 제3자가 있어야 한다.

⑦ 시간 제한이 있는 실행 계획 포함

인권영향평가는 단순한 연습이 되어서는 안 되며, 인권영향이 확인되면 기업은 해당 위험을 해결하고 방지하기 위한 조치를 취해야 한다. 평가 결과와 권고는 시간이 정해져 있는 실행 계획으로 전환해야 한다. 실행 계획에는 기업이 권고사항을 시행하고, 그 효과를 평가하는 방법이 명시되어야 한다. 인권영향평가는 최종점이 아닌 지속적인 실사 과정의 한 단계이므로 정기적으로 인권영향평가를 재검토하여 상황을 재평가하고 새로운 인권영향을 파악해야 한다.

기준
a. 기업은 문제 해결을 위한 실행 계획을 수립해야 한다.
b. 인권영향평가 결과와 동시에 실행 계획을 공개할 수 없는 경우 공개 날짜를 명시해야 한다.
c. 실행 계획에 포함되어야 하는 내용 • 권고 이행을 위해 할당된 자원과 역할 및 책임 • 모든 부정적 인권영향을 해결하기 위한 타임라인 • 기존의 문제 해결을 위해 노력하는 주체와의 협력하는 방법

- 새로 시행할 전략을 포함한 근본 원인의 해결 방법
- 권리 보유자에게 기대되는 결과
- 기업이 제안한 조치의 효율성을 모니터링하는 방법

(4) 국가인권위원회 인권경영 보고 및 평가 지침

국가인권위원회는 2022년 공공기관의 인권경영을 내실 있게 정착시키기 위한 목적으로 공공기관 및 공기업에 '인권경영 보고 및 평가 지침'을 제시하였다. 지침의 적용 대상은 인권경영을 실천해야 하는 공기업 · 공공기관을 포함해 업종이나 규모에 관계 없이 모든 기업이 이용할 수 있도록 설계되었다. 이 중 인권영향평가 보고서에는 인권영향평가의 실시과정, 인권영향평가 결과로서 식별된 주요 인권이슈, 주요 인권이슈에 대한 대응계획, 주요 인권이슈의 대응계획 성과를 포함할 것을 권고하고 있다.

① 인권영향평가 실시과정

- 해당 연도 인권영향평가 실시계획을 서술한다. 실시계획에는 인권영향평가의 대상, 범위, 기간, 이해관계자 참여방법, 인권영향평가팀 구성과 그 근거를 포함한다.
- 실시계획에 전년도 인권경영에 대한 평가가 어떻게 반영되어 있는지 서술한다.
- 해당 연도에 활용한 인권영향평가 체크리스트에 대해 서술한다. 체크리스트의 주요 특징을 서술하되 전년도 체크리스트와 달라진 점이 있다면 그 내용과 이유를 서술한다.
- 인권영향평가의 실제 실시과정을 서술한다. 계획대로 영향평가가 실시되었는지 여부를 서술하고, 해당 연도 '주요 인권이

슈'를 도출하기 위한 중대성 평가 과정을 서술한다.

- 중대성 평가는 식별된 여러 인권이슈 중에서 다양한 변수를 고려하여 우선 대처할 '주요 인권이슈'를 도출한다.
- 인권영향평가 과정에서 이해관계자의 참여 여부와 그 내용을 서술하고, 이해관계자의 요청사항을 어떻게 반영했는지 명시한다.

② 인권영향평가의 결과로서 식별된 주요 인권이슈

- '주요 인권이슈'란 인권영향평가 과정에서 드러난 인권이슈 중에서 중대성 평가를 통해 기관(기업)이 해당 연도에 대응하기로 결정한 인권이슈를 지칭한다. 이러한 의미에서 주요 사업과는 명백히 구분된다.
- '주요 인권이슈'는 인권영향평가의 최종 결과물이라고 할 수 있다. 주요 인권이슈를 도출하지 못한 인권영향평가는 제대로 된 인권영향평가로 간주되기 힘들다.
- 보고서에는 인권영향평가의 주요 인권이슈를 명시해야 한다.
- 주요 인권이슈는 인권영향평가 결과 새롭게 드러난 것일 수도 있고, 구제절차나 언론을 통해서 드러난 것일 수도 있으며, 전년도에 미해결된 인권이슈일 수도 있다.
- 주요 인권이슈의 선정한 이유를 서술한다.

③ 주요 인권이슈에 대한 대응계획 보고

- 각각의 주요 인권이슈를 해결하기 위해 기관(기업)이 마련한 대응계획을 서술한다. 기업 내부규정의 제정 혹은 개정, 인권경영 교육 실시 등 다양한 방법을 고려할 수 있다.

- 계획수립 단계에서 성과측정을 위한 지표를 마련했다면 이를 서술한다. 직원 중 육아휴직 및 복귀 건수, 남녀 간 임금격차 등을 객관적 성과지표로 삼을 수 있다.
- 계획수립 과정에서 내부 · 외부 이해관계자의 참여가 있었다면 이를 서술한다.
- 계획수립 과정에서 이사회, 최고경영진, 법무팀, 감사팀 및 해당 사업부서 등과의 내부 논의가 있었다면 이를 서술한다.

④ 주요 인권이슈의 대응계획 실행성과 보고

- 주요 인권이슈에 대한 기관(기업)의 대응계획 실행성과를 서술한다.
- 주요 인권이슈에 대한 실행성과는 가급적 객관적 성과지표를 제시하는 것이 좋지만 서술식으로 기술할 수 있다. 잠재적 피해자나 기타 이해관계자를 상대로 대응계획에 대해 인터뷰를 한 후 이를 성과의 증거로서 제시할 수도 있다.
- 주요 인권이슈에 대한 실행성과의 구체적인 사례가 있으면 모범사례로 서술한다.

2) 사회복지시설 인권영향평가 절차

사회복지시설 인권영향평가 절차는 5단계인 계획수립, 평가 지표 및 기준 개발, 조사 및 인권영향 분석, 인권영향 관리 계획수립, 보고와 공개로 구성하였다. 인권영향평가는 기관의 운영 전반을 대상으로 하는 '기관운영 인권영향평가'와 기관의 특정 사업을 대상으로 하는 '주요사업 인권영향평가'로 구분한다. 기관운영 인권영향평가는 연 1회 정기적으로 실시하고, 주요사업 인권영향평가는 인권리스크가 큰 사업을 선정하여 연 1회 실시하되 신규사업에 인권리스크가 있거나 기존 사업에서 새롭게 인권리스크가 발견되는 경우 수시로 실시할 수 있다.

1단계 계획 수립	➡	2단계 평가 지표 및 기준 개발	➡	3단계 조사 및 인권영향 분석	➡	4단계 인권영향 관리계획 수립	➡	5단계 보고와 공개

전 과정에 이해관계자 참여

그림 2-6 사회복지시설 인권영향평가 절차

(1) 계획 수립

첫 번째 계획수립 단계에서는 인권영향평가에 관한 계획을 수립하고, 평가 범위와 대상을 설정한다. 인권영향평가는 최소 연 1회 실시해야 하므로 계획 또한 연간 단위로 수립하며, 기관운영 인권영향평가와 주요사업 인권영향평가 계획을 포함한다. 계획에 기본적으로 포함되어야 할 내용은 인권영향평가의 목적, 평가 팀 구성, 참여 대상, 평가 기간, 소요 예산, 평가 범위이다.

① 목적

인권영향평가는 기관 운영과 사업으로 인해 이해관계자 및 지역사회의 인권에 영향을 줄 수 있는 실제적 · 잠재적인 인권리스크를 사전에 파악하고 완화함으로써 인권에 기반한 시설 운영을 목적으로 수행한다.

② 평가 팀 구성

평가 팀은 기관 내 인권경영을 담당하는 부서를 중심으로 구성하며, 담당부서가 없는 경우 인권영향평가와 관련된 전문성이 있는 직원을 중심으로 구성한다. 여기에서 전문성이란 인권 전문성과 조사 및 연구 경험, 사회복지시설 운영과 인권과의 관계에 대한 이해, 면접 기술 등을 의미한다. 담당자가 인권영향평가 수행 경험이 없거나 전문성이 부족한 경우 외부 전문가를 포함할 수 있다. 평가의 전 과정은 기관으로부터의 독립성과 객관성을 확보하기 위해 조치를 취해야 하며, 이 내용은 계획서에 기술되어야 한다. 기관은 평가 팀의 역량을 증진하기 위해 교육이나 훈련과정에 참여할 수 있도록 지원해야 한다.

③ 참여 대상

사회복지시설 인권영향평가의 과정은 이해관계자의 참여가 전제되어야 한다. 이 중 인권영향평가의 어느 과정에 어떠한 이해관계자가 참여할 것인지를 결정해야 한다. 먼저, 사회복지시설의 이해관계자의 참여는 주요 권리 보유자의 참여에 초점을 맞추어야 하며, 대표적으로는 이용인과 노동자가 해당된다. 예를 들어, 노동자는 노동권에 관한 조사 과정, 이용인은 이용인의 인권보장이나 구제제도에 관해 설문조사나 인터뷰로 참여할 수 있다. 다음으로, 인권영향평가는 또 다른 주요 이해관계자인 인권 책무자의 책구를 파악하게 하는데 사회복지시설의 인권 책무자는 시설(장)과 법인 그리고 정부이다. 마지막으로, 인권 지식과 전문성을 가진 지역사회의 인권 단체나 전문가는 인권영향평가의 조사·분석에 참여하거나 전 과정에 걸쳐 자문 역할을 할 수 있다.

④ 평가 기간

인권영향평가 전 과정에 소요되는 기간을 설정하며, 세부적으로는 각 단계별로 기간을 설정한다. 인권영향평가가 연 1회 수행된다는 점과 인권영향 완화 및 관리계획을 수립한 이후 실제 조치를 취하는 기간까지 감안하여 기간을 설정해야 한다. 주요사업 인권영향평가의 경우 사업을 시작하기 전 평가를 완료한다.

⑤ 소요 예산

인권영향평가에 소요되는 적정 예산을 산출하고, 예산을 확보한다. 예산에는 설문조사와 인터뷰 진행, 외부 전문가 자문, 회의 진행, 보고서 발간, 교육비 등을 포함한다.

⑥ 평가 범위

기관운영 인권영향평가는 전체적인 인권경영 체계를 평가 범위로 설정하는 것이 바람직하며, 주요사업 인권영향평가는 인권리스크가 가장 크다고 판단된 사업이나 내부 지침/규정, 혹은 신규사업 중 1개 이상의 사업을 선정한다.

(2) 평가 지표 및 기준 개발

평가 지표 및 기준 개발 단계에서는 먼저 시설 운영과 관련된 법적 체계를 검토한 후 이를 토대로 사회복지시설 인권영향평가에 적합한 평가 지표 및 기준을 개발한다.

① 법적 체계 검토

사회복지시설의 인권영향평가의 지표 및 기준은 국제인권규범 및 국제노동기구협약, 대한민국 「헌법」, 노동 및 사회복지와 관련된 국내 법률 등에 명시된 권리를 근거로 개발 · 적용되어야 한다. 나아가 새로운 국제인권규범의 채택이나 국제협약의 비준, 국내법의 제 · 개정으로 관련 법적 체계의 변화가 있을 경우 평가 지표 및 기준을 보완해야 한다. 국내 법적 체계는 인권 및 노동 관련법을 포함하여 「사회복지사업법」 등 기관 사업과 관련된 법률과 정부의 사업 지침이 검토되어야 한다. 국내 법적 체계의 검토에서 유의할 점은 법률과 정부 지침이 인권을 보장하는 데 부합하지 않을 경우 평가 지표의 근거로 사용해서는 안 되며, 그로 인해 인권침해가 발생하지 않도록 대안을 마련해야 한다는 점이다.

인권영향평가의 근거가 되는 법적 체계를 살펴보면, 「세계인권선언문」은 인권 역사에서 이정표가 되는 선언으로 1948년 12월 10일 파리에서 열린 UN 총회에서 채택되었다. 본문과 30개 조항으로 구성되었으며, 인류 최초의 국제적 인권합의문으로 모든 사람과 모든 국가가 달성해야 할 인권의 공통 기준을 담고 있다.

「국제인권조약」은 인권보호와 증진에 관한 국제적 합의를 규정한 다자조약이다. 우리나라는 9개의 UN 핵심국제인권조약 중 「이주노동자와 가족의 권리보호에 관한 협약」을 제외한 8개의 조약을 비준했다. 우리나라에서 가장 마지막에 비준한 조약은 2023년 1월 4일에 비준한 「강제실종자의 보호에 관한 협약」이다.

표 2-4 UN 핵심국제인권조약 현황

협약명	협약 채택(발효)	대한민국 가입(발효)
시민적 · 정치적 권리에 관한 국제규약(ICCPR)	1966. 12. 16.(1976. 03. 23.)	1990. 04. 10.(1990. 07. 10.)
• 제1선택의정서[개인진정]	1966. 12. 16.(1976. 03. 23.)	1990. 4. 10.(1990. 07. 10.)
• 제2선택의정서[사형제 폐지]	1966. 12. 16.(1976. 03. 23.)	미가입
경제적 · 사회적 · 문화적 권리에 관한 국제규약(ICESCR)	1966. 12. 16.(1976. 01. 03.)	1990. 04. 10.(1990. 07. 10.)
• 선택의정서	1966. 12. 16.(1976. 01. 03.)	미가입
모든 형태의 인종차별 철폐에 관한 국제협약(ICERD)	1965. 12. 21.(1969. 01. 04.)	1978. 12. 5.(1979. 01. 04.)
여성에 대한 모든 형태의 차별철폐에 관한 협약(CEDAW)	1979. 12. 18.(1981. 09. 03.)	1984. 12. 27.(1985. 01. 26.)
• 선택의정서	1999. 10. 06.(2000. 12. 22.)	2006. 10. 18.(2007. 01. 18.)
고문 및 그 밖의 잔혹한 비인도적인 또는 굴욕적인 대우나 처벌의 방지에 관한 협약(CAT)	1984. 12. 10.(1987. 06. 26.)	1995. 01. 09.(1995. 02. 08.)
• 선택의정서[방문조사 · 국가예방기구설치]	2002. 12. 08.(2006. 06. 22.)	미가입
아동의 권리에 관한 협약(CRC)	1989. 11. 20.(1990. 09. 02.)	1991. 11. 20.(1991. 12. 20.)
• 제1선택의정서[아동의 무력충돌 참여]	2000. 05. 25.(2002. 02. 12.)	2004. 09. 24.(2004. 10. 24.)
• 제2선택의정서[아동매매 · 성매매 · 음란물]	2000. 05. 25.(2002. 01. 18.)	2004. 09. 24.(2004. 10. 24.)
• 제3선택의정서[개인진정]	2011. 12. 19.(2014. 04. 14.)	미가입
이주노동자와 가족의 권리보호에 관한 협약(MWC)	1990. 12. 18.(2003. 07. 01.)	미가입
장애인권리에 관한 협약(CRPD)	2006. 12. 13.(2008. 05. 03.)	2008. 12. 11.(2009. 01. 10.)
• 선택의정서(개인진정)	2006. 12. 13.(2008. 05. 03.)	2022. 12. 15.(2023. 01. 14.)
강제실종자의 보호에 관한 협약(ICPPED)	2006. 12. 20.(2010. 12. 23.)	2023. 01. 04.(2023. 02. 03.)

출처: 국가인권위위원회(2023).

국제노동기구(ILO)는 1919년 설립되어 국제노동 기준을 수립하고, 이행을 감독하는 UN 산하의 노동분야 전문 국제기구로 우리나라는 1991년 회원국으로 가입하였다. 국제노동기구는 각 회원국에게 노동기본권의 보장을 위한 핵심협약 비준을 권고하고 있는데, 핵심협약은 기존의 결사의 자유, 강제노동 금지, 차별 금지, 아동노동 금지 협약 8개에 더해 2022년 안전하고 건강한 근무환경 협약 2개가 추가되었다(ILO, 2023). 우리나라는 10개의 핵심협약 중 제105호 강제노동 폐지 협약을 제외한 9개 협약과 거버넌스 협약 4개 중 3개, 기술협약 177개 중 20개를 비준하였다. 현재는 우리나라가 비준한 총 32개의 협약 중 2개가 폐기되어 30개가 발효 중이다(ILO, 2024).

표 2-5 국제노동기구(ILO) 핵심협약 현황

구분	협약	대한민국 비준일
결사의 자유	제87호 결사의 자유 및 단결권 보호에 관한 협약(1948)	2021. 04. 20.
	제98호 단결권 및 단체교섭권 원칙의 적용에 관한 협약(1949)	2021. 04. 20.
강제노동 금지	제29호 강제 또는 의무노동에 관한 협약(1930)	2021. 04. 20.
	제105호 강제노동 폐지 협약(1957)	미비준
차별 금지	제100호 동일가치노동에 대한 남녀근로자의 동일보수에 관한 협약(1951)	1997. 12. 08.
	제111호 고용 및 직업상의 차별에 관한 협약(1958)	1998. 12. 04.
아동노동 금지	제138호 취업최저연령에 관한 협약(1973)	1999. 01. 28.
	제182호 가혹한 형태의 아동노동금지와 근절을 위한 즉각적인 조치에 관한 협약(1999)	2001. 03. 29.
안전하고 건강한 근무환경	제155호 산업안전보건과 작업환경에 관한 협약(1981)	2008. 02. 20.
	제187호 산업안전보건 증진체계에 관한 협약(2006)	2008. 02. 20.

출처: https://www.ilo.or(2024년 8월 기준)

국내 법률에서 가장 먼저 검토할 법률은「헌법」이다.「헌법」은 국가의 운영과 국민의 기본권 및 의무 등을 담은 기본법으로 인간의 존엄과 가치, 행복추구권을 명시하고 있으며, 자유권, 평등권, 참정권, 청구권, 사회권 등을 규정하고 있다. 모든 법률은 국가의 근본법인「헌법」을 바탕으로 만들어지고 해석된다. 인권보장 및 사회복지 관련 법률 또한「헌법」에 근거를 두고 있다.「헌법」외에 검토할 법률은 노동, 산업안전, 사회복지, 인권 관련 법률 등이다.

표 2-6 사회복지시설 인권영향평가 관련 국내 법률

구분	법률
노동	근로기준법, 근로자퇴직급여 보장법, 남녀고용평등과 일·가정 양립 지원에 관한 법률, 최저임금법, 기간제 및 단기간 근로자 보호 등에 관한 법률, 파견근로자 보호 등에 관한 법률, 근로자참여 및 협력증진에 관한 법률, 노동조합 및 노동관계조정법, 가사근로자의 고용개선 등에 관한 법률, 고용상 연령차별금지 및 고령자 고용촉진에 관한 법률
산업안전	산업안전보건법, 산업안전보건기준에 관한 규칙, 중대재해 처벌 등에 관한 법률, 산업재해보상보험법
사회복지	사회보장기본법, 사회보장급여의 이용·제공 및 수급권자 발굴에 관한 법률, 사회복지사업법, 사회서비스 이용 및 이용권 관리에 관한 법률, 장애인복지법, 아동복지법, 노인복지법, 정신건강증진 및 정신질환자 복지서비스 지원에 관한 법률, 발달장애인 권리보장 및 지원에 관한 법률, 사회복지사 등의 처우 및 지위 향상을 위한 법률
인권	국가인권위원회법, 개인정보 보호법, 공공기관의 정보공개에 관한 법률, 양성평등기본법, 장애인차별금지 및 권리구제 등에 관한 법률

② 평가 지표 및 기준 개발과 적용

평가 지표 및 기준은 기관운영 인권영향평가와 주요사업 인권영향평가로 구분하여 적용한다. 기관운영 인권영향평가는 제3장에 제시된 체크리스트를 시설에 맞게 수정 · 보완하여 사용할 수 있다. 평가 지표는 매년 동일한 도구를 계속 사용하는 것이 아니라 국내외 법적 체계와 인권 상황, 사회복지와 관련된 새로운 이슈, 시설 내부의 인권 문제를 점검한 후 이를 반영 · 보완하여 사용해야 한다. 주요사업 인권영향평가는 평가하고자 하는 사업에 따라 지표나 기준이 달라지기 때문에 특정 지표를 사용하기는 어렵다. 누가 참여하는 사업인지, 사업을 수행하는 사람들은 누구인지, 어떠한 방식과 내용으로 진행되는 사업인지에 따라 적용해야 하는 인권기준과 초점이 달라지기 때문이다. 따라서 해당 사업과 관련된 인권규범 및 법률을 분석하고, 핵심 이해관계자와의 협의와 전문가의 자문을 받아 평가 기준을 개발한다.

(3) 조사 및 인권영향 분석

① 자료수집과 체크리스트 작성

평가 지표 및 기준 개발이 완료되면 인권경영위원회의 승인을 받아 조사를 진행한다. 기관운영 인권영향평가는 체크리스트를 중심으로 평가하며, 주요사업 인권영향평가는 사업에 맞는 별도의 평가 기준 및 체크리스트를 개발하여 적용한다. 평가 팀은 평가 영역과 직접적으로 관련된 부서와 담당자, 이용인 및 기타 이해관계자를 대상으로 자료를 수집한다. 자료는 설문조사와 인터뷰를 통해 수집하며, 지표와 관련된 부서의 협조를 구해 현장조사를 실시하거나 관련 문서를 검토할 수 있다. 수집된 자료를 종합적으로 검토한 결과를 체크리스트 및 평가서에 기입한다.

② 중대성 평가

인권영향평가 결과 부정적인 인권영향이 발견된 영역은 중대성을 평가한다. 중대성 평가는 인권영향평가 과정의 일부로 식별된 여러 인권이슈 중에서 관련 실태조사, 이해관계자의 복잡성과 다양성, 인권영향 수준, 위법 여부, 침해의 심각성(예: 생명 · 신체와 관련한 침해는 재산에 대한 침해보다 더 심각하다고 할 수 있음), 피해자의 수, 피해의 사후적 구제 가능성, 국가 정책, 기업의 업종, 피해 발생 장소 등 다양한 변수를 고려하여, 우선적으로 대처할 '주요 인권이슈'를 도출하는 것을 의미한다(국가인권위원회, 2022). 사회복지시설에서 식별된 모든 인권이슈를 한번에 해결하는 것은 어렵기 때문에

표 2-7 사회복지시설의 중대성 평가 틀

순위	인권이슈명	이해관계자 영향 수준										위법 여부	구제 가능성	재발 가능성
		이용인		직원		자원봉사자		지역주민		지역사회				
		정도	규모	정도	규모	정도	규모	정도	규모	정도	규모			
1														
2														
3														
4														
5														
6														

- 영향수준의 정도: 3점 척도(1. 피해가 전혀 없다; 2. 어느 정도의 피해가 있다; 3. 피해가 크다)
- 규모: 피해를 받는 인원
- 위법 여부: 법령 및 국제인권규범 위반 여부
- 구제 가능성: 예/아니요
- 재발 가능성: 예/아니요

종합 의견

중대성 평가를 통해 해결해야 할 인권이슈의 우선순위를 정하는 것이다. 사회복지시설의 중대성 평가는 이해관계자에게 미치는 피해 수준을 중심으로 평가하며, 위법 여부, 구제 가능성, 재발 가능성, 다른 인권이슈와의 관련성 등을 비롯해 각 시설의 유형과 규모, 인권이슈에 따라 다양한 기준을 적용할 수 있다.

(4) 인권영향 관리계획 수립

인권영향 관리계획 수립 단계에서는 조사 및 인권영향 분석 과정을 통해 식별된 부정적 인권영향을 해결하기 위해 시설의 대응계획을 세워야 한다. 해결해야 할 인권이슈가 많은 경우 중대성 평가를 토대로 우선순위를 반영하여 계획을 수립한다. 계획수립 과정에는 내부 · 외부 이해관계자, 관련 전문가가 참여하는 것이 바람직하며, 계획은 다음의 내용을 참조하여 구체적으로 작성한다.

인권영향 관리계획 포함 내용

- 계획 이행을 위해 할당된 자원: 계획을 이행하기 위한 인력(구체적인 업무 명시), 소요 예산
- 기간 및 세부 일정: 모든 인권영향을 해결하는 데 필요한 연간 일정 및 인권이슈별 일정
- 인권영향을 해결하기 위한 조치 실행 계획: 시설 운영규정의 제정 · 개정, 사업 변경, 구제위원회 구성, 인권교육 실시, 무장애 환경 설계, 피해자 보상 등
- 피해자 및 이해관계자에게 기대되는 결과
- 모니터링: 조치 이행 정도와 이행 결과에 대한 모니터링 계획(담당자, 모니터링 주기 및 방법 등)

(5) 보고와 공개

① 인권영향평가 보고서 작성

인권영향평가 결과는 보고서로 작성하여 기관의 인권경영위원회 및 운영위원회, 최고관리자에게 보고한다. 보고서에는 다음의 내용이 포함되어야 하며, 보고 시점에 인권영향 관리계획이 수립되지 않았다면 보고서에 인권영향 관리계획의 수립 일자를 명시해야 한다. 연간 인권경영보고서를 작성하는 경우 보고서에 인권영향평가 보고 내용을 포함할 수 있다.

인권영향평가 보고서 포함 내용

- 인권영향평가의 목적 및 평가 팀, 평가 기간, 예산 집행 내역
- 인권영향평가 범위
- 인권영향평가 실시 방법
- 이해관계자의 참여와 의견 반영 내용
- 인권영향평가의 최종 결과: 식별된 부정적 인권영향 및 우선순위
- 인권영향 관리계획

② 인권영향평가 보고서 공개

인권영향평가 보고서는 이해관계자들과 외부에 공개하여 시설의 인권경영 의지와 노력을 표명한다. 보고서의 공개는 시설의 홈페이지 게시, 시설 내 비치, 이메일 전송 등 다양한 경로를 활용한다.

3. 3단계: 인권경영(사업) 실행, 공개

1) 인권경영(사업) 실행

- 인권영향평가를 통해 파악된 인권리스크를 검토하고 대응 조치를 수립하여 사업을 실행한다.
- 중대성이 높게 분석된 사안은 담당 부서와 해당 사업 부서의 논의를 거쳐 최고 운영진 회의에서 인권리스크 우선 순위를 부여하고 방지 조치 계획을 수립한다.

□ '보완 필요' 항목

평가 결과	방지 조치 수립 및 이행 계획
• 분야 6. 항목 ③ 관련 - 수유실을 안정적으로 이용하기 어려운 구조라는 지적이 있으므로 수유실을 보다 편리하게 이용할 수 있도록 구성원 의견을 반영하여 시설 정비 등의 보완 필요(경영지원팀)	□ 이행 상황: 이행 완료 □ 이행 내역 • 서울연구원 휴게시설 설치 · 운영 검토(안) (경영지원팀-36361, 2021. 10. 28.)에 의거 여성휴게실 및 수유실 정비 계획 수립 • 업무환경 개선 물품 조달 구매(경영지원팀-39622, 2021. 11. 16.)호에 의거 시설정비 물품 구매 완료 • 수유실 환경 정비 완료: 2021년 12월 15일(수)

휴게시설 설치 · 운영 검토	수유실 정비	수유실 가림막 설치
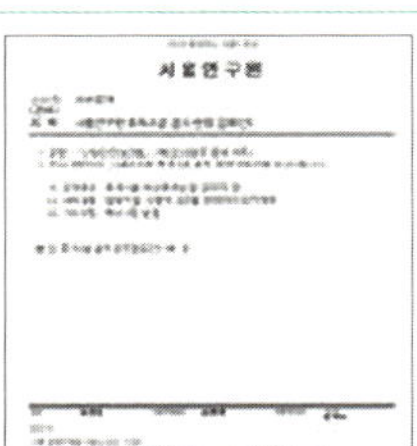	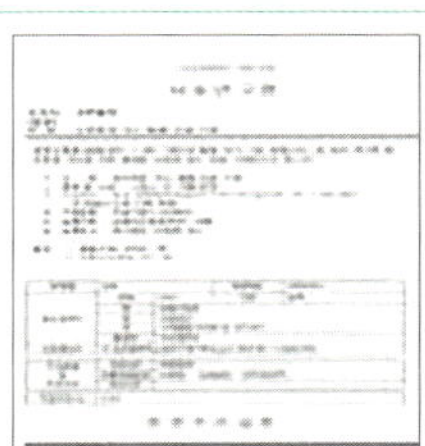	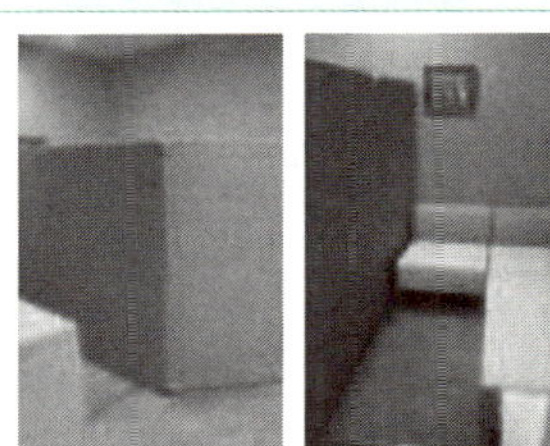

그림 2-7 인권리스크 방지 조치

출처: 서울연구원(2021).

- 해당 사업부서에 방지 조치와 실행방법을 전달하고 수행 일정, 수행 성과 평가방법 등을 논의한다.
- 평가방법에 활용될 평가지표는 인권영향평가 체크리스트, 인권영향평가 분석 결과 등을 참고해서 만들 수 있다.
- 기관운영 인권영향평가를 통해 파악된 내용에 대한 방지 조치를 실시한 예는 [그림 2-7]과 같다.

2) 인권경영 전 과정 공개

- 인권경영 체계, 인권실태조사, 인권영향평가, 인권영향 관리 계획 수립, 사업 실행, 개선사항 등 인권경영 추진 과정에 대한 최종 보고서를 작성하여 공개한다.
- 간담회 등을 개최하여 인권경영 활동 전반을 알리고 이해관계자들과 논의하고 소통할 수 있도록 한다.
- [그림 2-8]과 [그림 2-9]는 인권경영 과정 공개의 예들이다.

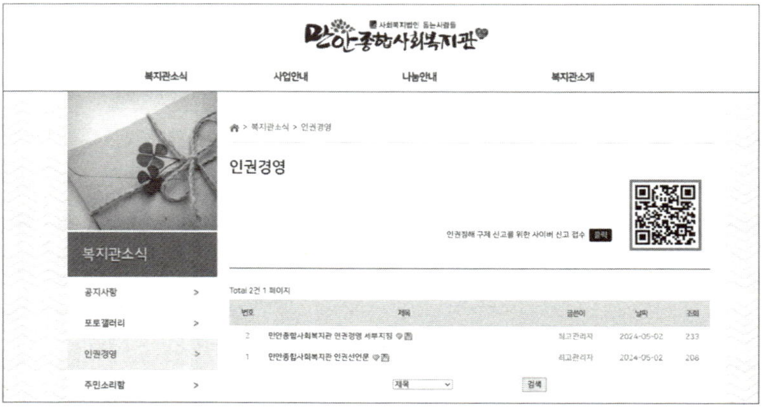

그림 2-8 만안종합사회복지관 인권경영 공개

출처: 만안종합사회복지관 홈페이지.

그림 2-9 경기도사회서비스원 인권경영 공개

출처: 경기도사회서비스원 홈페이지.

제3장

인권영향평가 체크리스트

제3장

인권영향평가 체크리스트

1. 기관운영 인권영향평가 체크리스트

사회복지시설 기관운영 인권영향평가 체크리스트는 인권경영을 도입한 사회복지시설에서 활용할 수 있도록 개발되었다. 이 장에서 제시하는 체크리스트는 경기복지재단(2023)의 '사회복지시설 인권영향평가 체크리스트'를 토대로 하였다.

2. 체크리스트 구성과 사용 방법

1) 체크리스트의 구성

체크리스트는 총 7개 영역과 18개의 하위영역, 90개의 지표로 구성되었다. 체크리스트는 세계인권선언과 국제인권규범, 국제노동기구(ILO) 협약, 대한민국 「헌법」 및 법률 등에 근거하고 있으며, 지표별 주요 근거는 영역별로 제시하였다(〈표 3-1〉 참조).

표 3-1 사회복지시설 인권영향평가 체크리스트 구성

	영역	하위영역	평가 지표
A	인권경영 체계 구축	A-1. 인권경영 제도화	9
		A-2. 구제절차 마련	6
		A-3. 인권보호 및 실현	4
B	노동자 비차별 및 인권보장	B-1. 고용상 비차별	6
		B-2. 비정규직 노동자 비차별	2
		B-3. 이주/해외노동자 비차별	4
		B-4. 강제노동 금지	7
C	노동3권 및 노동자 참여 보장	C-1. 노동3권 보장	4
		C-2. 민주적 참여 및 소통 구조	4
D	산업안전보장	D-1. 산업안전 보장	6
		D-2. 임산부 및 장애인 등 안전보장	3
		D-3. 산업재해 피해 노동자 지원	3
E	책임 있는 협력관계 구축	E-1. 협력기관 등의 인권침해 예방	5
F	환경권 보장	F-1. 환경권 보장 계획 수립 및 시행	5
		F-2. 기후재난 대응	4
G	이용인 인권보장	G-1. 이용인 자기결정권 및 참여권 보장	8
		G-2. 안전권 및 자유권 보장	7
		G-3. 강제노동 금지	3
합계		18	90

2) 체크리스트 사용 방법

각 영역은 사회복지시설 운영 및 인권경영과 관련된 주요 인권문제와 시설에서 구현해야 하는 인권 기준을 점검하는 지표로 구성되어 있다. 각 지표에는 답변란이 포함되어 있으며, 지표의 해설 내용을 참조하여 실제 구현 수준에 따라 답변한다. 근거란에는 답변의 근거나 출처를 기술한다(예: 인권경영규정 ○조, 인권경영계획서 및 성과보고서, 조직도, 홈페이지 내 인권경영 게시판 등).

답변 기준
• 예: 지표의 내용에 합치한다. • 아니요: 지표의 내용에 합치하지 않는다. • 보완 필요: '예'라고 답하기 미흡하나 약간 보완을 거치면 '예'라고 답할 수 있다. • 정보 없음: 지표에 답할 만한 정보가 없다. • 해당 없음: 지표의 내용이 시설과는 상관이 없다. ※ 근거란에는 답변의 근거나 출처를 표기한다.

각 지표는 체크리스트의 답변과 더불어 평가자의 의견을 기술할 수 있다. 전년도 평가와 비교하여 답변이 달라지거나 '보완 필요' '아니요'라고 답변한 지표의 경우에는 답변의 근거를 서술한다. 체크리스트 결과와 평가자의 서술은 인권영향 관리 계획의 수립 근거로 활용한다.

3) 종합평가표의 작성

체크리스트의 점검이 완료되면 전체적인 평가 결과를 확인할 수 있도록 하위영역별로 답변 결과의 빈도를 계산하고, 종합평가표에 영역별로 합산하여 기술한다.

4) 지표의 수정과 보완

이 체크리스트를 모든 시설에 그대로 적용해야 하는 것은 아니며, 시설 유형과 사업, 규모에 맞게 지표를 수정 · 보완하여 사용할 수 있다. 특정 지표의 내용이 시설에 전혀 해당되지 않고, 앞으로도 해당될 가능성이 없다고 판단되는 지표는 삭제할 수 있으며, 새로운 지표가 필요한 경우 지표를 개발하여 추가할 수 있다. 또한 매년 동일한 체크리스트를 사용하는 것이 아니라 변화하는 인권 상황과 인권이슈에 따라 지표를 보완하여 사용한다.

3. 체크리스트 영역별 지표

종합평가표

	영역	평가 지표	답변 결과				
			예	보완 필요	아니요	정보 없음	해당 없음
A	인권경영 체계 구축						
B	노동자 비차별 및 인권보장						
C	노동3권 및 노동자 참여 보장						
D	산업안전보장						
E	책임 있는 협력관계 구축						
F	환경권 보장						
G	이용인 인권보장						
합계							

1) A영역: 인권경영 체계 구축

인권경영 체계 구축 영역은 시설의 인권경영정책과 구제제도, 인권보호 및 실현 제도가 어떻게 반영되고 있는지에 대한 지표로 구성되었다.

(1) A1. 인권경영 제도화

<인권경영 제도화 지표>

항목	지표		답변 결과					근거
			예	보완 필요	아니요	정보 없음	해당 없음	
A1. 인권경영 제도화	①	시설은 인권경영 제도화를 위한 조치를 이행하였다.						
	②	시설은 인권존중의 책무 준수에 관한 인권정책선언을 했다.						
	③	인권정책선언은 시설의 최고위(시설장) 수준에서 표명되었으며, 운영법인 및 모든 직원과 이해관계자에게 전달되었다.						
	④	인권정책선언은 정기적으로 재검토되고 개선된다.						
	⑤	인권영향평가와 구제절차는 국내법뿐만 아니라 국제 인권규범을 준거로 한다.						
	⑥	시설은 인권영향평가를 연 1회 이상 정기적으로 실시한다.						
	⑦	산하시설, 다른 복지시설 및 단체와의 협력사업도 인권영향평가 범위에 포함한다.						
	⑧	시설은 인권경영 성과를 정량적 지표 또는 정성적 평가를 통해서 확인한다.						
	⑨	인권경영 성과는 정기적으로 보고하고, 공개한다.						
소계								

① 시설은 인권경영 제도화를 위한 조치를 이행하였다.

인권경영 제도화를 위한 조치란 인권경영 제도화에 관한 규정을 운영규정에 포함하여 운영방침으로 정하는 것을 의미한다. 사회복지시설의 운영규정은 사회복지시설을 운영함에 있어 조직 · 인사 · 복무관리, 경영활동, 사업추진 등 시설의 제반 업무를 수행하기 위한 운영방침 및 기준이 되기 때문이다(서울시사회복지협의회, 2019). 또한 시설의 인권경영의 지속성과 전문성을 확보하기 위해 전담부서를 새롭게 만들거나 기존의 부서를 인권경영 전담부서로 지정해야 한다.

② 시설은 인권존중의 책무 준수에 관한 인권정책선언을 했다.

인권정책선언은 시설이 인권존중에 대한 책임을 다하겠다는 약속을 명시한 선언서를 의미한다. 시설의 인권존중의 대상은 이해관계자이므로 시설의 인권정책선언(인권선언문)은 시설 내부와 외부 이해관계자들의 참여와 전문가의 적절한 자문을 통해 만들어야 한다.

③ 인권정책선언은 시설의 최고위(시설장) 수준에서 표명되었으며, 운영법인 및 모든 직원과 이해관계자에게 전달되었다.

인권정책선언이 시설의 최고위 수준에서 표명된다는 것은 시설 차원에서 인권경영을 결의하고, 시설장 명의로 인권경영의 의지를 공개적으로 표명한다는 것을 의미한다. 인권정책선언과 실현의 의무는 시설에 있으므로 인권정책선언은 운영법인과 시설의 모든 구성원 그리고 이해관계자에게 전달되어야 한다.

④ 인권정책선언은 정기적으로 재검토되고 개선된다.

인권정책선언의 내용은 공개적으로 표명되었으며, 해당 시설에서 특별히 문제가 될 가능성이 큰 중요한 인권 현안이 무엇인지가 반영되어야 한다. 국제인권규범을 비롯해 인권 관련 법적 체계, 인권이슈는 지속적으로 변한다. 따라서 시설과 관련된 법적 체계와 인권이슈를 지속적으로 검토하고, 인권정책선언을 시의성 있게 개선해야 한다.

⑤ 인권영향평가와 구제절차는 국내법뿐만 아니라 국제인권규범을 준거로 한다.

인권영향평가의 준거가 된 관련법 및 인권규범을 제시한다. 세계인권선언, UN 핵심인권조약, 국제노동기구 협약, 대한민국헌법 및 노동, 산업안전, 사회복지, 인권 관련 법률 등을 준거로 한다.

⑥ 시설은 인권영향평가를 연 1회 이상 정기적으로 실시한다.

인권영향평가는 시설의 연간사업계획과 함께 정기적으로 수립 · 시행한다. 인권영향평가 과정에는 시설 내부 · 외부의 이해관계자 및 전문가가 참여하며, 특히 시설의 활동으로 인해 부정적 인권영향을 받을 것으로 예상되는 개인 또는 집단과 협의해야 한다. 아동, 장애인, 노인, 이주민 등 취약성이나 소외의 가능성이 큰 집단의 경우 주의가 필요하다.

⑦ 산하시설, 다른 복지시설 및 단체와의 협력사업도 인권영향평가의 범위에 포함한다.

산하시설이나 지방자치단체, 복지시설, 시민단체, 관련 협의체 등과 함께 수행하는 사업들도 시설에서 영향력을 행사하기 때문에 인권존중에 대한 책임을 져야 한다.

⑧ 시설은 인권경영 성과를 정량적 지표 또는 정성적 평가를 통해서 확인한다.

인권영향평가를 포함해 인권경영 성과는 주로 정량적 평가 지표를 사용하지만 인권을 정량적으로만 평가하는 것은 한계가 있다. 특히 인권이슈가 있는 사안을 평가할 때는 정성적 평가를 병행하는 것이 필요하다. 또한 인권경영 성과 확인 과정에서 시설 내부 · 외부 이해관계자와 전문가를 참여시키며 이들의 의견을 수렴해야 한다.

⑨ 인권경영 성과는 정기적으로 보고하고, 공개한다.

인권경영 성과는 연간 단위로 보고서를 작성하며, 기관장과 운영법인, 인권경영위원회 및 운영위원회에 보고하고, 대내외에 공개한다. 보고서는 시설 활동으로 인한 인권영향을 평가하기에 충분한 정보를 담고 있으며, 객관적이고 일관적이어야 하고, 보고 내용은 이해관계자 및 전문가의 검증을 거친다. 단, 정보공개가 인권영향을 받은 이해관계자, 노동자의 비밀유지를 위한 적법한 요구에 영향을 끼쳐서는 안 된다.

(2) A2. 구제절차 마련

<구제절차 마련 지표>

항목	지표		답변 결과					근거
			예	보완 필요	아니요	정보 없음	해당 없음	
A2. 구제절차 마련	①	구제절차는 접근과 이용이 용이하다.						
	②	시설의 활동으로 인해 인권에 부정적인 영향을 받은 사람에 대해 구제절차를 제공한다.						
	③	피해자에게 구제와 관련된 자세한 정보를 제공하여 구제절차를 선택할 수 있도록 한다.						
	④	구제절차의 결과를 관련 이해관계자에게 신속하게 제공한다.						
	⑤	구제절차는 개별적인 문제 해결뿐만 아니라 근본적 원인을 개선하고 회복하는 과정을 포함한다.						
	⑥	운영법인이나 지자체 등 외부인에 의한 인권침해에 대응하는 절차가 시설에 마련되어 있다.						
소계								

① 구제절차는 접근과 이용이 용이하다.

구체적인 절차가 공식적인 운영 규정 및 매뉴얼로 만들어져야 하며, 구제절차는 접근과 이용이 용이해야 한다. 구제절차의 운영과 내용이 이해관계자에게 알려져 있어야 하고, 구제절차를 이용할 때 언어적·물리적·심리적 장벽이 최대한 제거되어야 한다. 구제신청을 한 사람의 요구가 있을 때는 구제절차의 운영을 비공개로 해야 한다.

② 시설의 활동으로 인해 인권에 부정적인 영향을 받은 사람에 대해 구제절차를 제공한다.

구제절차는 주요 이해관계자인 이용인과 노동자뿐만 아니라 시설 운영의 영향을 받는 모든 이해관계자가 이용할 수 있어야 한다. 여기에는 다른 시설이나 단체와의 협력사업에서 발생한 인권침해의 경우도 포함한다.

③ 피해자에게 구제와 관련된 자세한 정보를 제공하여 구제절차를 선택할 수 있도록 한다.

피해자의 의사에 따라 시설 내 구제절차 이외의 국가인권위원회 및 지자체 인권기구, 노동위원회, 여성긴급전화 등을 이용할 수 있도록 관련 정보를 제공하며, 외부의 구제절차를 원하는 경우 성실하게 조력한다.

④ 구제절차의 결과를 관련 이해관계자에게 신속하게 제공한다.

구제절차에 규정된 내용과 방법에 따라 정해진 기한 내 구제절차를 진행하고, 구제절차 결과를 제공한다(3개월 이내 권고).

⑤ 구제절차는 개별적인 문제 해결뿐만 아니타 근본적 원인을 개선하고 회복하는 과정을 포함한다.

구제절차는 개별적인 인권문제를 해결하는 데 그치는 것이 아니라 인권문제를 일으킨 근본적인 원인을 찾아 해결하기 위한 조치를 취해야 한다. 피해자에 대한 구제는 사과, 복구, 비재정적 보상, 재발방지 약속, 보상 등 다양한 방식이 있다.

⑥ 운영법인이나 지자체 등 외부인에 의한 인권침해에 대응하는 절차가 시설에 마련되어 있다.

시설은 시설의 사업 운영으로 인한 인권문제뿐만 아니라 운영법인이나 지자체와 같은 외부인에 의해 이용인, 노동자 등이 인권침해를 받는 경우에도 구제절차를 통해 문제 해결과 피해자의 회복을 지원해야 한다. 이 경우 국가인권위원회 및 지자체 인권기구, 국민권익위원회, 고용노동부 고객상담센터 등의 외부 구제절차를 이용할 수 있다.

(3) A3. 인권보호 및 실현

<인권보호 및 실현 지표>

항목	지표		답변 결과					근거
			예	보완 필요	아니요	정보 없음	해당 없음	
A3. 인권보호 및 실현	①	시설은 인권보호와 증진을 위한 활동에 참여한다.						
	②	시설은 시설의 사업 성과 및 시설 이용에 필요한 정보를 공개한다.						
	③	시설은 직원, 이용인, 자원봉사자 등의 이해관계자들의 인권의식을 증진시키기 위해 정기적으로 인권교육을 실시한다.						
	④	시설은 타인의 지식재산권을 존중하며 이를 보장하기 위한 조치를 취한다.						
소계								

① 시설은 인권보호와 증진을 위한 활동에 참여한다.

시설은 시설 내 인권보호와 증진을 위한 활동뿐만 아니라 사회적 약자를 비롯해 우리 사회의 전반적인 인권증진을 위한 법과 조례의 제정 · 개정 활동, 연대사업에 참여한다.

② 시설은 시설의 사업 성과 및 시설 이용에 필요한 정보를 공개한다.

시설은 시설의 운영과 사업, 시설 이용에 필요한 정보를 홈페이지, SNS, 소식지 등의 다양한 방법을 통해 제공한다. 정보의 형태와 접근성은 아동, 노인, 장애인, 이주민 등 다양한 배경을 가진 사람들을 고려한다.

③ 시설은 직원, 이용인, 자원봉사자 등의 이해관계자들의 인권의식을 증진시키기 위해 정기적으로 인권교육을 실시한다.

시설은 인권의식 증진을 위한 정기적인 인권교육을 실시한다. 인권리스크가 큰 업무를 담당하거나 인권경영을 담당한 직원을 위해서는 전문적인 인권교육 프로그램을 마련한다. 교육의 내용은 인권 감수성 교육, 인권경영 관련 교육, 사회복지와 관련된 인권교육 등을 포함하며, 시설장 등의 임원을 반드시 포함한다.

④ 시설은 타인의 지식재산권을 존중하며, 이를 보장하기 위한 조치를 취한다.

시설에는 저작권이나 지식재산의 소유권 관련 규정이 있으며 규정에 따라 보장하기 위한 조치를 취한다. 모든 지식재산권의 소유자와 협상할 때는 설명을 한 후 동의를 얻으며, 필요한 경우 적절한 보상을 제공한다.

(4) A영역 평가지표 근거

◆ 「세계인권선언」 제8조

모든 사람은 「헌법」 또는 법률이 보장하는 기본권을 침해당했을 때 해당 국가의 법정에서 적절하게 구제받을 권리가 있다.

◆ 「UN 기업과 인권 이행 지침」 일반지침

(a) 국가는 인권과 기본적 자유를 존중, 보호, 충족할 기본적 의무를 가지고 있다.

(b) 기업은 전문적 기능을 수행하는 사회의 전문 기관으로서 모든 해당 법률을 준수하고 인권을 존중하는 사회적 기대에 부응하는 역할을 가진다.

(c) 인권이 침해되었을 때는 적절하고 효과적인 구제책을 요구할 권리와 제공할 의무가 있다.

◆ 「UN 기업과 인권 이행 지침」 15

인권존중책임을 다하기 위해, 기업은 자신의 규모와 환경에 맞는 아래와 같은 정책과 절차를 마련해야 한다.

(a) 인권존중책임을 충족시키는 정책적 의지

(b) 인권에 미치는 부정적 영향을 파악 · 방지 · 완화하고, 인권에 영향을 주는 활동에 대한 책임을 지게 하는 인권에 대한 상세한 주의 절차

(c) 기업이 야기하였거나 기여한 인권에 미친 어떠한 부정적인 영향이라도 구제가 가능하도록 하는 과정

◆ 「UN 기업과 인권 이행 지침」 16

기업의 인권존중책임을 실천하는 토대로 기업이 서약하는 정책성명은 다음과 같은 성격을 지녀야 한다.

(a) 기업의 최고위 수준에서 승인된다.

(b) 기업 내부와 외부 전문가와의 적절한 자문에 의해 구성된다.

(c) 기업의 운영, 생산, 서비스와 직접적으로 연관된 직원, 비즈니스 파트너, 다른 관계자에게 기업의 인권존중에 대해 기대하는 바를 명시한다.

(d) 공개적이어야 하며, 모든 직원과 비즈니스 파트너, 관련 이해관계자와 기업 내부 및 외부에 커뮤니케이션되어야 한다.

(e) 기업 전체에 적용하기 위해 적절한 운영정책과 절차에 반영되어야 한다.

◆ 「UN 기업과 인권 이행 지침」 18

인권리스크를 평가하기 위해 기업은 사업 관계의 결과로 또는 기업의 활동으로 인해 인권에 미칠수 있는 실제적 그리고 잠재적 부정적 영향을 파악하고 평가해야 한다. 이 절차는 다음의 특성을 따라야 한다.

(a) 내부 및 외부의 독립된 인권 전문가를 이용한다.

(b) 기업의 규모와 운영 특성 및 환경에 적합한 수준에서 잠재적으로 영향을 받을 수 있는 집단과 기타 관련 이해관계자 대상의 실질적 자문을 포함한다.

◆ 「헌법」 제26조

① 모든 국민은 법률이 정하는 바에 의하여 국가기관에 문서로 청원할 권리를 가진다.

② 국가는 청원에 대하여 심사할 의무를 진다.

◆ 「국가인권위원회법」 제31조(시설수용자의 진정권 보장)

① 시설수용자가 위원회에 진정하려고 하면 그 시설에 소속된 공무원 또는 직원은 그 사람에게 즉시 진정서 작성에 필요한 시간과 장소 및 편의를 제공하여야 한다.

◆ 「사회보장기본법」 제39조(권리구제)

위법 또는 부당한 처분을 받거나 필요한 처분을 받지 못함으로써 권리 또는 이익을 침해받은 국민은 「행정심판법」에 따른 행정심판을 청구하거나 「행정소송법」에 따른 행정소송을 제기하여 그 처분의 취소 또는 변경 등을 청구할 수 있다.

◆ 「사회복지사업법」 제1조의2(기본이념)

③ 사회복지사업을 시행하는 데 있어서 사회복지를 제공하는 자는 사회복지를 필요로 하는 사람의 인권을 보장하여야 한다.

④ 사회복지서비스를 제공하는 자는 필요한 정보를 제공하는 등 사회복지서비스를 이용하는 사람의 선택권을 보장하여야 한다.

◆ 「사회복지사업법」 제4조(복지와 인권증진의 책임)

⑥ 국가와 지방자치단체는 사회복지를 필요로 하는 사람의 인권이 충분히 존중되는 방식으로 사회복지서비스를 제공하고 사회복지와 관련된 인권교육을 강화하여야 한다.

⑦ 국가와 지방자치단체는 사회복지서비스를 이용하는 사람이 긴급한 인권침해 상황에 놓인 경우 신속히 대응할 체계를 갖추어야 한다.

⑩ 국가와 지방자치단체는 사회복지서비스를 제공하는 자로부터 위법 또는 부당한 처분을 받아 권리나 이익을 침해당한 사람을 위하여 간이하고 신속한 구제조치를 마련하여야 한다.

◆ 「사회복지사업법」 제5조(인권존중 및 최대 봉사의 원칙)

① 이 법에 따라 복지업무에 종사하는 사람은 그 업무를 수행할 때에 사회복지를 필요로 하는 사람을 위하여 인권을 존중하고 차별 없이 최대로 봉사하여야 한다.

② 국가와 지방자치단체는 복지업무에 종사하는 사람이 그 업무를 수행할 때에 사회복지를 필요로 하는 사람의 인권을 침해하는 행위를 한 경우에는 제2조 제1호 각 목의 법률이 정하는 바에 따라 처분하고 그 사실을 공표하는 등의 조치를 하여야 한다.

◆ 「지식재산기본법」 제3조(정의)

1. "지식재산"이란 인간의 창조적 활동 또는 경험 등에 의하여 창출되거나 발견된 지식 · 정보 · 기술, 사상이나 감정의 표현, 영업이나 물건의 표시, 생물의 품종이나 유전자원(遺傳資源), 그 밖에 무형적인 것으로서 재산적 가치가 실현될 수 있는 것을 말한다.
3. "지식재산권"이란 법령 또는 조약 등에 따라 인정되거나 보호되는 지식재산에 관한 권리를 말한다.

◆ 「한국사회복지사 윤리강령」 핵심 가치 2. 사회정의

- 윤리적 원칙: 사회복지사는 사회정의 실현을 위하 앞장선다.
- 사회복지사는 개인적 · 집단적 · 사회적 · 문화적 · 정치적 · 종교적 차별에 도전하여 사회정의를 촉진한다.
- 사회복지사는 개인, 가족, 집단, 지역사회의 다양성을 존중하는 포용적 지역사회를 만들기 위해 노력한다.
- 사회복지사는 부적절하고 억압적이며 불공정한 사회제도와 관행을 변화시키기 위해 사회의 다양한 구성원들과 협력한다.
- 사회복지사는 포용적이고 책임 있는 사회를 만들어 가기 위해 연대 활동을 한다.

2) B영역: 노동자 비차별 및 인권보장

노동자 비차별 및 인권보장 영역은 고용상의 비차별, 비정규직 노동자 비차별, 이주/해외노동자 비차별에 관한 지표로 구성되었다.

(1) B1. 고용상 비차별

<고용상 비차별 지표>

항목	지표		답변 결과					근거
			예	보완 필요	아니요	정보 없음	해당 없음	
B1. 고용상 비차별	①	시설은 합리적 이유 없이 성별, 종교, 장애, 나이, 사회적 신분, 출신지역, 용모, 인종 등 신체조건, 혼인 여부, 임신 또는 출산, 가족 형태, 사상 또는 정치적 의견, 형의 효력이 실효된 전과, 성적 지향, 병력 등을 이유로 고용과 관련하여 차별하지 않는다.						
	②	시설은 노동자 모집 · 채용 시 직무의 수행에 필요하지 않은 조건을 제시하지 않는다.						
	③	시설은 동일가치 노동에 대해 동일한 임금을 제공한다.						
	④	시설은 임금 외에 복리후생제도에서 노동자를 차별하지 않는다.						
	⑤	시설은 노동자의 정년, 퇴직 및 해고에서 노동자를 차별하지 않는다.						
	⑥	시설은 노동자에게 시설 및 운영법인 후원을 강요하지 않으며, 후원 여부를 이유로 차별하지 않는다.						
소계								

① 시설은 합리적 이유 없이 성별, 종교, 장애, 나이, 사회적 신분, 출신지역, 용모, 인종 등 신체조건, 혼인 여부, 임신 또는 출산, 가족 형태, 사상 또는 정치적 의견, 형의 효력이 실효된 전과, 성적 지향, 병력 등을 이유로 고용과 관련하여 차별하지 않는다.

고용은 모집, 채용, 교육, 배치, 승진, 임금 및 임금 외의 금품 지급, 자금의 융자, 정년, 퇴직, 해고 등을 포함한다. 고용과 관련해 지표에 명시된 조건들을 이유로 차별하지 않으며, 시설 운영규정이나 지침에 차별적 조항이 포함되지 않아야 한다.

② 시설은 노동자 모집・채용 시 직무의 수행에 필요하지 않은 조건을 제시하지 않는다.

모집・채용 계획 및 공고에 신체적 조건, 결혼 여부 등을 포함하여 직무에 필요하지 않은 어떠한 조건도 명시하지 않는다. 채용 과정에서는 지원자에게 결혼 여부, 출산계획, 부양가족 수, 임신 여부 등에 대한 질문을 하지 않는다.

③ 시설은 동일가치 노동에 대해 동일한 임금을 제공한다.

동일 직급에 대해 성별, 연령, 정규직 여부, 장애 등에 관계없이 동일임금을 적용한다. 대법원 판결(대법원 2003. 3. 14. 선고 2002도3883 판결)에 의하면, '동일가치의 노동'이라 함은 당해 사업장 내의 서로 비교되는 남녀 간의 노동이 동일하거나 실질적으로 거의 같은 성질의 노동 또는 그 직무가 다소 다르더라도 객관적인 직무평가 등에 의하여 본질적으로 동일한 가치가 있다고 인정되는 노동에 해당하는 것을 말하고, 동일가치의 노동인지 여부는 소정의 직무 수행에서 요구되는 기술, 노력, 책임 및 작업조건을 비롯하여 근로자의 학력 · 경력 · 근속연수 등의 기준을 종합적으로 고려하여 판단하여야 한다(국가인권위원회, 2014a).

④ 시설은 임금 외에 복리후생제도에서 노동자를 차별하지 않는다.
법인 수당, 복지포인트 지급, 장기근속휴가, 유급병가, 자녀돌봄휴가, 건강검진 휴가, 명절 및 각종 기념일 선물 등 시설에서 실시하고 있는 복리후생제도가 성별, 장애 등에 관계없이 적용된다.

⑤ 시설은 노동자의 정년, 퇴직 및 해고에서 노동자를 차별하지 않는다.
정년, 퇴직 및 해고에서 혼인, 임신, 출산 등 어떠한 이유로도 노동자를 차별하지 않는다. 시설의 축소, 전환 등을 이유로 해고가 발생하는 경우 시설은 해고 절차를 공정하게 진행해야 하며, 해고 절차가 특정 노동자(예: 여성, 노동조합 조합원, 소수자, 장애인, 고령 노동자)를 대상으로 하지 않아야 한다.

⑥ 시설은 노동자에게 시설 및 운영법인 후원을 강요하지 않으며, 후원 여부를 이유로 차별하지 않는다.
시설 및 운영법인뿐만 아니라 산하시설 등에 어떠한 후원도 강요하지 않으며, 후원 강요의 행위는 일시후원, 정기후원, 물품후원, 바자회 티켓 구매 및 판매, 물품 구매 등을 포함한다.

후원업무 담당자 외에 후원금 모금을 강요하거나 업무 성과의 지표로 활용되어서는 안 되며, 후원 여부로 인한 차별 금지 내용은 지표 B-1-①과 동일하게 적용한다.

(2) B2. 비정규직 노동자 비차별

<비정규직 노동자 비차별 지표>

항목	지표		답변 결과					근거
			예	보완 필요	아니요	정보 없음	해당 없음	
B2. 비정규직 노동자 비차별	①	시설은 비정규직임을 이유로 사업장 내의 동종 또는 유사한 업무를 하는 노동자에 비하여 차별적 처우를 하지 않는다.						
	②	시설은 비정규직임을 이유로 시설 내에서의 업무와 관련하여 제공되는 편의에 있어서 차별을 하지 않는다.						
소계								

① 시설은 비정규직임을 이유로 사업장 내의 동종 또는 유사한 업무를 하는 노동자에 비하여 차별적 처우를 하지 않는다.

비정규직을 이유로 임금과 법인 수당, 복지포인트 지급, 장기근속휴가, 유급병가, 자녀돌봄휴가, 건강검진 휴가, 명절 및 각종 기념일 선물 등 시설에서 실시하고 있는 복리후생제도에서 차별하지 않는다.

② 시설은 비정규직임을 이유로 시설 내에서의 업무와 관련하여 제공되는 편의에 있어서 차별을 하지 않는다.
비정규직을 이유로 탈의실, 샤워실, 휴게실, 식당 등 업무 시간에 이용하는 모든 시설, 업무에 필요한 사무기기, 소프트웨어, 소모품 등의 제공, 시설 전산 시스템에의 접근, 자료 열람, 결재 절차, 예산 집행, 차량 사용 등에 있어 차별하지 않는다.

(3) B3. 이주/해외노동자 비차별

<이주/해외노동자 비차별 지표>

항목	지표		답변 결과					근거
			예	보완 필요	아니요	정보 없음	해당 없음	
B3. 이주/해외노동자 비차별	①	시설은 이주노동자라는 이유로 부당하게 차별적 처우를 하지 않는다.						
	②	시설은 이주노동자가 자신이 가진 종교적, 문화적 권리를 누릴 수 있도록 존중한다.						
	③	해외에서 활동하는 시설(해외구호 사업 등)은 현지 문화와 제도를 존중한다.						
	④	해외에서 활동하는 시설(해외구호 사업 등)은 해외 채용 노동자에 대해 노동 관련 국제규범 및 해당 국가의 노동 관련 법을 준수한다.						
소계								

① 시설은 이주노동자라는 이유로 부당하게 차별적 처우를 하지 않는다.
이주노동자의 출신국이나 언어 사용이 능숙하지 않다는 이유로 특정 업무에서 배제하지 않으며, 위험하거나 비위생적인 작업을 시키거나 편의시설의 이용을 제한하지 않는다. 채용과정에서는 시설의 요구사항 및 고용 조건을 명확하게 전달해야 하며, 고용된 후에는 승진, 보수, 채용, 해고, 근무시간, 휴식시간, 야간근로, 최저연령, 건강 및 안전 기준에 있어서 다른 노동자와 동일하게 대우한다.

② 시설은 이주노동자가 자신이 가진 종교적, 문화적 권리를 누릴 수 있도록 존중한다.
이주노동자 자신의 종교에 따른 휴일을 가지거나 자신의 문화적 전통에 따른 의상을 착용하는 것을 허용하며 이를 이유로 차별적인 대우를 하지 않는다.

③ 해외에서 활동하는 시설(해외 구호 사업 등)은 현지 문화와 제도를 존중한다.
해외에 사회복지사업, 교육 사업, 기타 구호 사업 등을 목적으로 현지에 사업소를 운영하는 시설은 지원을 이유로 특정 문화와 종교, 제도를 강요하지 않는다.

④ 해외에서 활동하는 시설(해외 구호 사업 등)은 해외 채용 노동자에 대해 노동 관련 국제 규범 및 해당 국가의 노동 관련 법을 준수한다.

해외에서 현지 노동자를 직접 채용할 경우 최저연령은 최소한 의무교육을 완료하는 연령 이상이어야 하며, 어떠한 경우에도 15세 미만이어서는 안 된다(ILO 협약 제138호). 만일 현지의 노동 관련 법률의 기준이 낮아 인권침해의 우려가 있을 경우 더 높은 기준인 국제 기준을 준수한다.

(4) B4. 강제노동 금지

<강제노동 금지 지표>

항목	지표		답변 결과					근거
			예	보완 필요	아니요	정보 없음	해당 없음	
B4. 강제노동 금지	①	시설은 모든 종류의 강제노동을 금지한다.						
	②	시설은 공정하고 투명한 고용계약을 위해 노력하며, 노동자가 이를 이해할 수 있도록 정보 및 문서를 제공한다.						
	③	시설은 노동자가 원하지 않는 의무적 초과노동을 실시하지 않으며, 노동자는 근무시간 이후 원하는 경우 언제든지 시설을 떠날 수 있다.						
	④	시설은 업무상 발생한 초과근무에 대해 법적 기준의 수당을 지급한다.						
	⑤	시설은 노동자의 법정 휴가를 보장한다.						

⑥	노동자는 누구나 합리적인 수준의 사전통지 이후 퇴사할 수 있다.						
⑦	시설은 해외 사업처나 산하 시설에서 강제노동이 일어나지 않도록 별도의 조치를 취한다.						
소계							╳

① 시설은 모든 종류의 강제노동을 금지하고 있다.

폭행, 협박, 감금, 그 밖에 정신상·신체상의 자유를 부당하게 구속하는 수단으로써 노동자의 자유의사에 어긋나는 노동을 강요하지 않는다. 노동자가 노동에 대한 보상을 받더라도 부당한 영향력이나 처벌 위협으로 인해 강제노동이 발생할 수 있다. 과도한 근무 시간이나 휴식 없이 장기간 근무하는 것은 위협이나 다른 형태의 강압을 사용했음을 의미할 수 있다. 마찬가지로, 노동자가 과도한 초과근무를 하거나 교대근무 사이에 휴식 없이 계속 근무하는 경우, 시설이 징계 또는 해고를 위협하는 경우에도 강제노동을 하지 않을 권리를 침해하는 것이다. 노동자에게 노동을 강요하기 위해 언어적 또는 신체적 학대를 사용할 수 없으며, 허용되지 않는 징계 조치에는 신체적 또는 정신적 위협, 괴롭힘, 차별 및 폭력이 포함된다.

② 시설은 공정하고 투명한 고용 계약을 위해 노력하며, 노동자가 이를 이해할 수 있도록 정보 및 문서를 제공한다.

시설은 근로계약 체결 시 근로계약서를 노동자에게 제공하며,

노동자의 고용 관련 규정은 언제든지 열람 가능하고, 취업규칙은 노동자가 언제든지 자유롭게 볼 수 있도록 게시 및 비치한다. 모든 노동자는 자신을 고용한 시설의 고용 현황과 근로조건을 알 권리가 있으며, 고용에 대한 구체적인 권리와 의무가 문서로 제공되어야 한다.

③ 시설은 노동자가 원하지 않는 의무적 초과노동을 실시하지 않으며, 노동자는 근무시간 이후 원하는 경우 언제든지 시설을 떠날 수 있다.
정규근무 시간을 보장하며, 초과근무는 예외적인 경우여야 한다. 초과근무를 할 경우에는 법정 근로시간과 휴게시간을 준수해야 한다.

④ 시설은 업무상 발생한 초과근무에 대해 법적 기준의 수당을 지급한다.
법적 기준보다 더 많이 근무한 노동자의 초과근무 시간은 평일과 야간, 휴일의 법적 기준에 따라 수당을 지급한다.

⑤ 시설은 노동자의 법정 휴가를 보장한다.
시설은 「근로기준법」과 「남녀 고용 평등법」으로 규정된 연차 휴가, 출산휴가, 배우자 출산 휴가, 가족돌봄 휴가를 보장하며, 휴가 사용을 제한하는 압력을 가하지 않는다. 업무로 인해 연차 휴가를 사용하지 못한 경우 법적 기준에 따라 수당이 지급되며, 근속기간을 충족하고 퇴사할 노동자에게는 사용되지 않은 연차 휴가나 수당을 제공해야 한다.

⑥ 노동자는 누구나 합리적인 수준의 사전통지 이후 퇴사할 수 있다.

법원(수원지방법원 2010나20676판결)에 따르면, 근로계약에서 피용자는 특별한 사정이 없는 이상 언제라도 근로계약을 해지하고 퇴사할 수 있으므로, 근로계약 기간 안에 퇴사할 경우 피용자가 일정 금액을 무조건 사용인에게 배상하도록 약정하는 것은 피용자의 직업선택의 자유를 부당하게 제한하여 사회질서에 반하거나 불공정한 계약에 해당하므로 그 효력을 쉽게 인정하기 어렵다고 판결했다(국가인권위원회, 2014a).

⑦ 시설은 해외 사업처나 산하 시설에서 강제노동이 일어나지 않도록 별도의 조치를 취한다.

시설은 해외 사업처나 산하 시설에서 강제노동이 발생하지 않도록 규정을 만들고 이를 준수하도록 지속적으로 점검한다. 강제노동의 발생 가능성이 있는 경우 관련자 교육, 모니터링, 조사 등의 조치를 취한다.

(5) B영역 평가지표 근거

◆ 「세계인권선언」 제4조

어느 누구도 노예가 되거나 타인에게 예속된 상태에 놓여서는 안 된다. 노예제도와 노예매매는 어떤 형태로든 일절 금지된다.

◆ 「세계인권선언」 제23조

모든 사람은 어떠한 차별도 받지 않고 동등한 노동에 대하여 동등한 보수를 받을 권리를 가진다.

◆ 「시민적 및 정치적 권리에 관한 국제규약」 제27조

종족적, 종교적 또는 언어적 소수민족이 존재하는 국가에 있어서는 그러한 소수민족에 속하는 사람들에게 그 집단의 다른 구성원들과 함께 그들 자신의 문화를 향유하고, 그들 자신의 종교를 표명하고 실행하거나 또는 그들 자신의 언어를 사용할 권리가 부인되지 아니한다.

◆ 「경제적 · 사회적 및 문화적 권리에 관한 국제규약」 제7조

이 규약의 당사국은 특히 다음사항이 확보되는 공정하고 유리한 근로조건을 모든 사람이 향유할 권리를 가지는 것을 인정한다.

(a) 모든 근로자에게 최소한 다음의 것을 제공하는 보수

(i) 공정한 임금과 어떠한 종류의 차별도 없는 동등한 가치의 노동에 대한 동등한 보수, 특히 여성에게 대하여는 동등한 노동에 대한 동등한 보수와 함께 남성이 향유하는 것보다 열등하지 아니한 근로조건의 보장

(ii) 이 규약의 규정에 따른 근로자 자신과 그 가족의 품위 있는 생활

(b) 안전하고 건강한 근로조건

(c) 연공서열 및 능력 이외의 다른 고려에 의하지 아니하고, 모든 사람이 자기의 직장에서 적절한 상위직으로 승진할 수 있는 동등한 기회

(d) 휴식, 여가 및 근로시간의 합리적 제한, 공휴일에 대한 보수와 정기적인 유급휴일

◆ 「ILO 강제노동폐지 협약」 강제노동 정의

• 정치적 강압이나 교육의 수단으로, 또는 기존의 정치, 사회 또는 경제 체제에 이념적으로 반대되는 정치적 견해나 견해를 보유하거나 표현한 것에 대한 제재
• 경제 발전을 목적으로 노동력을 동원하고 이용하는 수단
• 노동 규율의 수단
• 파업 참여에 대한 처벌
• 인종, 사회, 민족 또는 종교적 차별대우의 수단

◆ 「헌법」 제11조

① 모든 국민은 법 앞에 평등하다. 누구든지 성별·종교 또는 사회적 신분에 의하여 정치적·경제적·사회적·문화적 생활의 모든 영역에 있어서 차별을 받지 아니한다.

◆ 「헌법」 제32조

① 모든 국민은 근로의 권리를 가진다. 국가는 사회적·경제적 방법으로 근로자의 고용의 증진과 적정임금의 보장에 노력하여야 하며, 법률이 정하는 바에 의하여 최저임금제를 시행하여야 한다.

③ 근로조건의 기준은 인간의 존엄성을 보장하도록 법률로 정한다.

④ 여자의 근로는 특별한 보호를 받으며, 고용·임금 및 근로조건에 있어서 부당한 차별을 받지 아니한다.

⑤ 연소자의 근로는 특별한 보호를 받는다.

◆ 「국가인권위원회법」 제2조의 3항(평등권 침해의 차별행위)

"평등권 침해의 차별행위"란 합리적인 이유 없이 성별, 종교, 장애, 나이, 사회적 신분, 출신 지역(출생지, 등록기준지, 성년이 되기 전의 주된 거주지 등을 말한다), 출신 국가, 출신 민족, 용모 등 신체 조건, 기혼·미혼·별거·이혼·사별·재혼·사실혼 등 혼인 여부, 임신 또는 출산, 가족 형태 또는 가족 상황, 인종, 피부색, 사상 또는 정치적 의견, 형의 효력이 실효된 전과(前科), 성적(性的) 지향, 학력, 병력(病歷) 등을 이유로 한 다음 각 목의 어느 하나에 해당하는 행위를 말한다.

가. 고용(모집, 채용, 교육, 배치, 승진, 임금 및 임금 외의 금품 지급, 자금의 융자, 정년, 퇴직, 해고 등을 포함한다)과 관련하여 특정한 사람을 우대·배제·구별하거나 불리하게 대우하는 행위

나. 재화·용역·교통수단·상업시설·토지·주거시설의 공급이나 이용과 관련하여 특정한 사람을 우대·배제·구별하거나 불리하게 대우하는 행위

다. 교육시설이나 직업훈련기관에서의 교육·훈련이나 그 이용과 관련하여 특정한 사람을 우대·배제·구별하거나 불리하게 대우하는 행위

라. 성희롱[업무, 고용, 그 밖의 관계에서 공공기관(국가기관, 지방자치단체, 「초 · 중등교육법」 제2조, 「고등교육법」 제2조와 그 밖의 다른 법률에 따라 설치된 각급 학교, 「공직자윤리법」 제3조의2 제1항에 따른 공직유관단체를 말한다)의 종사자, 사용자 또는 근로자가 그 직위를 이용하여 또는 업무 등과 관련하여 성적 언동 등으로 성적 굴욕감 또는 혐오감을 느끼게 하거나 성적 언동 또는 그 밖의 요구 등에 따르지 아니한다는 이유로 고용상의 불이익을 주는 것을 말한다] 행위

◆ 「근로기준법」 제7조(강제근로의 금지)

사용자는 폭행, 협박, 감금, 그 밖에 정신상 또는 신체상의 자유를 부당하게 구속하는 수단으로써 근로자의 자유의사에 어긋나는 근로를 강요하지 못한다.

◆ 「근로기준법」 제14조(법령 주요 내용 등의 게시)

① 사용자는 이 법과 이 법에 따른 대통령령의 주요 내용과 취업규칙을 근로자가 자유롭게 열람할 수 있는 장소에 항상 게시하거나 갖추어 두어 근로자에게 널리 알려야 한다.

② 사용자는 제1항에 따른 대통령령 중 기숙사에 관한 규정과 제99조 제1항에 따른 기숙사규칙을 기숙사에 게시하거나 갖추어 두어 기숙(寄宿)하는 근로자에게 널리 알려야 한다.

◆ 「근로기준법」 제17조(근로조건의 명시)

① 사용자는 근로계약을 체결할 때에 근로자에게 다음 각 호의 사항을 명시하여야 한다. 근로계약 체결 후 다음 각 호의 사항을 변경하는 경우에도 또한 같다.

1. 임금
2. 소정근로시간
3. 제55조에 따른 휴일
4. 제60조에 따른 연차 유급휴가
5. 그 밖에 대통령령으로 정하는 근로조건

② 사용자는 제1항 제1호와 관련한 임금의 구성항목 · 계산방법 · 지급방법 및 제2호부터 제4호까지의 사항이 명시된 서면(「전자문서 및 전자거래 기본법」 제2조 제1호에 따른 전자문서를 포함한다)을 근로자에게 교부하여야 한다. 다만, 본문에 따른 사항이 단체협약 또는 취업규칙의 변경 등 대통령령으로 정하는 사유로 인하여 변경되는 경우에는 근로자의 요구가 있으면 그 근로자에게 교부하여야 한다.

◆ **「기간제 및 단기간 근로자 보호 등에 관한 법률」 제8조(차별적 처우의 금지)**

① 사용자는 기간제근로자임을 이유로 해당 사업 또는 사업장에서 동종 또는 유사한 업무에 종사하는 기간의 정함이 없는 근로계약을 체결한 근로자에 비하여 차별적 처우를 하여서는 아니 된다.

② 사용자는 단시간근로자임을 이유로 해당 사업 또는 사업장의 동종 또는 유사한 업무에 종사하는 통상근로자에 비하여 차별적 처우를 하여서는 아니 된다.

◆ **「파견근로자보호 등에 관한 법률」 제21조(차별적 처우의 금지 및 시정 등)**

파견사업주와 사용사업주는 파견근로자라는 이유로 사용사업주의 사업 내의 같은 종류의 업무 또는 유사한 업무를 수행하는 근로자에 비하여 파견근로자에게 차별적 처우를 하여서는 아니 된다.

◆ **「외국인 근로자의 고용 등에 관한 법률」 제22조(차별 금지)**

사용자는 외국인근로자라는 이유로 부당하게 차별하여 처우하여서는 아니 된다.

◆ **「사회복지사업법」 제35조의3(종사자 채용 시 준수사항)**

① 사회복지법인과 사회복지시설을 설치 · 운영하는 자는 해당 법인 또는 시설의 종사자를 채용할 때 정당한 사유 없이 채용광고의 내용을 종사자가 되려는 사람에게 불리하게 변경하여 채용하여서는 아니 된다.

② 사회복지법인과 사회복지시설을 설치 · 운영하는 자는 종사자를 채용한

후에 정당한 사유 없이 채용광고에서 제시한 근로조건을 종사자에게 불리하게 변경하여 적용하여서는 아니 된다.

3) C영역: 노동3권 및 노동자 참여 보장

노동3권 및 노동자 참여 보장 영역은 노동3권 보장 지표와 민주적 참여 및 소통구조에 관한 지표로 구성되었다.

(1) C1. 노동3권 보장

<노동3권 보장 지표>

항목	지표		답변 결과					근거
			예	보완 필요	아니요	정보 없음	해당 없음	
C1. 노동3권 보장	①	시설은 노동조합의 설립과 활동을 보장한다.						
	②	단체교섭은 시설장이 참여하여 성실하게 협의하여 결정하고, 단체협약의 이행을 위해 지속적으로 노력한다.						
	③	노동자가 노동조합에 가입 또는 가입하려고 하였거나 노동조합 활동을 하였다는 이유로 노동자를 해고하거나 불이익한 처우를 하지 않는다.						
	④	노동자가 특정 노동조합에 가입하지 아니하거나 탈퇴할 것 또는 특정 노동조합의 가입할 것을 고용조건으로 하지 않는다.						
소계								

① 시설은 노동조합의 설립과 활동을 보장한다.

시설은 노동조합 활동을 포함하는 노동자 모임을 위해 회의실 등 편의를 제공한다. 또한 시설은 노동조합 이외에도 노동자가 자유롭게 모임을 가지고 노동조건 등에 대해서 소통할 수 있도록 활동을 보장한다.

② 단체교섭은 시설장이 참여하여 성실하게 협의하여 결정하고, 단체협약의 이행을 위해 지속적으로 노력한다.

단체교섭권을 의미 있게 만들기 위해 회사는 선출된 노동조합 대표 및 노동조합과 성실하게 협상해야 한다. 또한 시설은 노동조합 대표가 노동조합 또는 조합원을 위하여 사용자와 교섭하고 단체협약을 체결할 권한을 가진다는 점을 인정하며, 신의에 따라 성실히 교섭하고 단체협약을 체결한다. 시설은 단체협약 이행을 위해 노력해야 하며, 단체협약 이행을 상습적으로 위반하는 경우 단결권의 실효성이 저해된다.

③ 노동자가 노동조합에 가입 또는 가입하려고 하였거나 노동조합 활동을 하였다는 이유로 노동자를 해고하거나 불이익한 처우를 하지 않는다.

노동자가 노동조합에 가입하거나 정당한 단체행위에 참가한 것을 이유로 하거나 또는 노동위원회에 대하여 사용자가 법을 위반한 것을 신고하거나 그에 관한 증언을 하거나 기타 행정관청에 증거를 제출한 것을 이유로 그 노동자를 해고하거나 불이익을 주는 행위를 하지 않는다.

④ 노동자가 특정 노동조합에 가입하지 아니하거나 탈퇴할 것 또는 특정 노동조합의 가입할 것을 고용조건으로 하지 않는다. 특정 노동조합의 가입이나 탈퇴를 강요해서는 안 되며, 시설에 유리한 단체교섭을 목적으로 노조 대표를 인정하지 않거나 비공식 대표를 인정함으로써 노조 대표의 권한을 무너뜨리려고 시도해서는 안 된다. 노동조합 간부가 조합원을 적절히 대표하는 것보다 시설로부터 혜택을 받는 데 더 관심이 있고, 시설이 이러한 행위를 장려한다면 시설은 노동자의 단결권 및 단체 교섭권을 남용하는 것이다.

(2) C2. 민주적 참여 및 소통구조

<민주적 참여 및 소통구조 지표>

항목	지표		답변 결과					근거
			예	보완 필요	아니요	정보 없음	해당 없음	
C2. 민주적 참여 및 소통구조	①	시설의 노사협의회 노동자 대표는 시설의 개입 없이 민주적 절차에 의해 선출된다.						
	②	노사협의회는 정기적으로 개최되며 시설장이 참여하여 성실하게 협의하여 결정한다.						
	③	노동자가 시설 운영에 관한 의견을 자유롭게 개진할 수 있는 의사소통 구조가 마련되어 있으며, 시설 운영에 노동자들의 의견이 반영된다.						

	④	노동자가 시설의 윤리적 문제, 이용인 및 노동자에 대한 인권침해 등을 이유로 제보, 신고, 고발, 진정을 한 경우 어떠한 불이익을 받지 않도록 보호한다.						
소계								╳

① 시설의 노사협의회 노동자 대표는 시설의 개입 없이 민주적 절차에 의해 선출된다.

시설의 노사협의회의 노동자 대표 및 노동자로 구성된 모임의 대표는 시설에서 임명하거나 추천할 수 없으며, 노동자들에 의해 선출하도록 보장하고 있다.

② 노사협의회는 정기적으로 개최되며 시설장이 참여하여 성실하게 협의하여 결정한다.

노동자는 직원회의, 고충처리절차를 통해 시설 운영 및 노동자와 관련된 시설 방침에 대해 자유롭게 의견을 개진할 수 있고, 이를 이유로 불이익을 받지 않는다.

③ 노동자가 시설 운영에 관한 의견을 자유롭게 개진할 수 있는 의사소통 구조가 마련되어 있으며, 시설 운영에 노동자들의 의견이 반영된다.

시설의 운영위원회, 인사위원회 등 시설 운영과 관련된 위원회에 노동자의 참여를 보장한다. 각 위원회에 참여하는 노동자는 시설에서 지정해서는 안 되며, 노동자들에 의해 선출하도록 보장한다. 이 외에 직원회의 등에서 노동자들이 의견을 개진할 수 있으며, 의견 개진을 이유로 불이익을 주어서는 안 된다.

④ 노동자가 시설의 윤리적 문제, 이용인 및 노동자에 대한 인권 침해 등을 이유로 제보, 신고, 고발, 진정을 한 경우 어떠한 불이익을 받지 않도록 보호한다.
불이익을 주는 행위란 해고 이외에 그 노동자에게 휴직 · 전직 · 배치 · 전환 · 감봉 등 법률적 · 경제적으로 불이익한 대우를 하는 것을 의미한다.

(3) C영역 평가지표 근거

◆ 「세계인권선언」 제20조

모든 사람은 평화적 집회와 결사의 자유에 관한 권리를 가진다.

◆ 「세계인권선언」 제23조

모든 사람은 자신의 이익을 보호하기 위하여 노동조합을 결성하고, 가입할 권리를 가진다.

◆ 「시민적 및 정치적 권리에 관한 국제규약」 제22조

모든 사람은 자기의 이익을 보호하기 위하여 노동조합을 결성하고 이에 가입하는 권리를 포함하여 타인과의 결사의 자유에 대한 권리를 가진다.
이 권리의 행사에 대하여는 국가안보, 공공안전, 공공질서, 공중보건 또는 공중도덕의 보호, 또는 타인의 권리 및 자유의 보호를 위하여 민주사회에서 필요하며 법률에 규정된 제한 이외의 어떠한 제한도 부과될 수 없다. 이 조는

군대와 경찰의 구성원이 이 권리를 행사하는 데 대하여 합법적인 제한을 부과하는 것을 방해하지 않는다.

이 조의 어떤 규정도 「결사의 자유 및 단결권 보호에 관한 1948년 국제노동기구협약」의 당사국이 그 협약에 규정된 보장을 침해할 수 있는 입법조치를 취하거나 이를 침해하는 방식으로 법률을 적용하는 것을 허용하지 않는다.

◆ 「ILO 협약 제87호 결사의 자유 및 단결권 보호에 관한 협약」

제2조

노동자 및 사용자는 어떠한 차별도 없이 사전 인가를 받지 않고 스스로 선택하여 단체를 설립하고 해당 단체의 규칙만을 따를 것을 조건으로 하여 그 단체에 가입할 수 있는 권리를 가진다.

제3조

노동자단체 및 사용자단체는 그들의 규약과 규칙을 작성하고, 완전히 자유롭게 대표자를 선출하며, 관리 및 활동을 조직하고, 사업을 수립할 권리를 가진다.

공공기관은 이 권리를 제한하거나 이 권리의 합법적인 행사를 방해하는 어떠한 간섭도 삼간다.

제4조

노동자단체 및 사용자단체는 행정기관에 의해 해산되거나 활동이 정지되지 않는다.

제5조

노동자단체 및 사용자단체는 연맹과 총연합단체를 설립하고 이에 가입할 권리를 가지며, 이러한 단체, 연맹 또는 총연합단체는 국제적인 노동자단체 및 사용자단체와 제휴할 권리를 갖는다.

◆ 「ILO 협약 제98호 단결권 및 단체교섭권 원칙의 적용에 관한 협약」

제1조

1. 노동자는 고용과 관련된 반노동조합 차별행위로부터 충분한 보호를 받는다.
2. 이러한 보호는 다음 각 호의 행위에 대해 보다 특별히 적용된다.

   가. 노동조합에 가입하지 않거나 노동조합으로부터 탈퇴할 것을 조건으로

노동자를 고용하는 행위

나. 노동조합원이라는 이유나 노동시간 외에 또는 사용자의 동의하에 노동시간 내에 노동조합 활동에 참여한다는 이유로 노동자를 해고하거나 달리 불이익을 초래하는 행위

제2조

노동자단체 및 사용자단체는 그 설립, 운영 또는 관리에 대해 상호 간 또는 상대의 대리인이나 구성원의 모든 간섭 행위로부터 충분한 보호를 받는다.

특히, 노동자단체를 사용자 또는 사용자단체의 통제하에 둘 목적으로 사용자 또는 사용자단체의 지배하에 노동자단체 설립을 촉진하거나 노동자단체를 재정적 또는 다른 방식으로 지원하기 위한 행위는 이 조에서 의미하는 간섭 행위에 해당하는 것으로 간주된다.

◆ 「ILO 협약 제135호 기업의 근로자대표에게 제공되는 보호 및 편의에 관한 협약」

제1조

기업의 근로자 대표는 현행 법령, 단체협약 그 밖의 노사협의에 따라 행동하는 한, 근로자 대표로서의 지위나 활동을 이유로 또는 노동조합원이나 노동조합활동에의 참가를 이유로 행한 해고를 포함한 불이익한 조치에 대하여 효과적인 보호를 받아야 한다.

제2조

적절한 경우에는 근로자 대표가 그 직무를 신속하고 능률적으로 수행할 수 있도록 기업으로부터 적절한 편의가 제공되어야 한다.

이 경우 국내의 노사관계제도의 특성이나 당해 기업의 필요 · 규모 및 능력이 고려되어야 한다.

그러한 편의의 제공은 당해 기업의 능률적인 운영을 방해하는 것이어서는 아니 된다.

◆ 「헌법」 제21조

① 모든 국민은 언론 · 출판의 자유와 집회 · 결사의 자유를 가진다.

② 언론 · 출판에 대한 허가나 검열과 집회 · 결사에 대한 허가는 인정되지 아니한다.

◆ 「헌법」 제33조

근로자는 근로조건의 향상을 위하여 자주적인 단결권 · 단체교섭권 및 단체행동권을 가진다.

◆ 「노동조합 및 노동관계조정법」 제30조(교섭등의 원칙)

노동조합과 사용자 또는 사용자단체는 신의에 따라 성실히 교섭하고 단체협약을 체결하여야 하며 그 권한을 남용하여서는 아니 된다.

노동조합과 사용자 또는 사용자단체는 정당한 이유 없이 교섭 또는 단체협약의 체결을 거부하거나 해태하여서는 아니 된다.

국가 및 지방자치단체는 기업 · 산업 · 지역별 교섭 등 다양한 교섭방식을 노동관계 당사자가 자율적으로 선택할 수 있도록 지원하고 이에 따른 단체교섭이 활성화될 수 있도록 노력하여야 한다.

◆ 「노동조합 및 노동관계조정법」 제81조(부당노동행위)

① 사용자는 다음 각 호의 어느 하나에 해당하는 행위(이하 "不當勞動行爲"라 한다)를 할 수 없다.

1. 근로자가 노동조합에 가입 또는 가입하려고 하였거나 노동조합을 조직하려고 하였거나 기타 노동조합의 업무를 위한 정당한 행위를 한 것을 이유로 그 근로자를 해고하거나 그 근로자에게 불이익을 주는 행위
2. 근로자가 어느 노동조합에 가입하지 아니할 것 또는 탈퇴할 것을 고용조건으로 하거나 특정한 노동조합의 조합원이 될 것을 고용조건으로 하는 행위. 다만, 노동조합이 당해 사업장에 종사하는 근로자의 3분의 2 이상을 대표하고 있을 때에는 근로자가 그 노동 조합의 조합원이 될 것을 고용조건으로 하는 단체협약의 체결은 예외로 하며, 이 경우 사용자는 근로자가 그 노동조합에서 제명된 것 또는 그 노동조합을 탈퇴하여 새로 노동조합을 조직하거나 다른 노동조합에 가입한 것을 이유

로 근로자에게 신분상 불이익한 행위를 할 수 없다.

3. 노동조합의 대표자 또는 노동조합으로부터 위임을 받은 자와의 단체협약체결 기타의 단체교섭을 정당한 이유 없이 거부하거나 해태하는 행위
4. 근로자가 노동조합을 조직 또는 운영하는 것을 지배하거나 이에 개입하는 행위와 근로시간 면제한도를 초과하여 급여를 지급하거나 노동조합의 운영비를 원조하는 행위. 다만, 근로자가 근로시간 중에 제24조 제2항에 따른 활동을 하는 것을 사용자가 허용함은 무방하며, 또한 근로자의 후생자금 또는 경제상의 불행 그 밖에 재해의 방지와 구제 등을 위한 기금의 기부와 최소한의 규모의 노동조합사무소의 제공 및 그 밖에 이에 준하여 노동조합의 자주적인 운영 또는 활동을 침해할 위험이 없는 범위에서의 운영비 원조 행위는 예외로 한다.
5. 근로자가 정당한 단체행위에 참가한 것을 이유로 하거나 또는 노동위원회에 대하여 사용자가 이 조의 규정에 위반한 것을 신고하거나 그에 관한 증언을 하거나 기타 행정관청에 증거를 제출한 것을 이유로 그 근로자를 해고하거나 그 근로자에게 불이익을 주는 행위

② 제1항 제4호 단서에 따른 “노동조합의 자주적 운영 또는 활동을 침해할 위험” 여부를 판단할 때에는 다음 각 호의 사항을 고려하여야 한다.

1. 운영비 원조의 목적과 경위
2. 원조된 운영비 횟수와 기간
3. 원조된 운영비 금액과 원조방법
4. 원조된 운영비가 노동조합의 총수입에서 차지하는 비율
5. 원조된 운영비의 관리방법 및 사용처 등

◆ 「근로자참여 및 협력증진에 관한 법률」 제10조(사용자의 의무)

① 사용자는 근로자위원의 선출에 개입하거나 방해하여서는 아니 된다.

② 사용자는 근로자위원의 업무를 위하여 장소의 사용 등 기본적인 편의를 제공하여야 한다.

◆ 「사회복지사 등의 처우 및 지위 향상을 위한 법률」 제3조(사회복지사 등의 처우개선과 신분보장)

⑤ 사회복지사 등은 사회복지법인 등의 운영과 관련된 위법 · 부당 행위 및 그 밖의 비리 사실 등을 관계 행정기관과 수사기관에 신고하는 행위로 인하여 징계 조치 등 신분상 불이익이나 근무조건상 차별을 받지 아니한다.

4) D영역: 산업안전보장

산업안전보장 영역은 산업안전보장 지표, 임산부와 장애인 등 보호 지표, 산업재해 피해 노동자 지원 지표로 구성되었다.

(1) D1. 산업안전보장

<산업안전보장 지표>

항목	지표		답변 결과					근거
			예	보완 필요	아니요	정보 없음	해당 없음	
D1. 산업, 안전보장	①	시설은 모든 노동자가 안전하게 업무를 수행할 수 있도록 업무 배치 전 담당 업무 교육을 실시하고, 정기적인 안전교육을 실시한다.						
	②	시설은 안전장구와 설비를 항상 안전하고 위생적이도록 유지한다.						
	③	재난안전관리 체계를 구축하였다.						

④	시설은 시설 이용인의 폭언, 폭행 등으로 인한 노동자의 건강장애 예방 조치를 취하고 있다.						
⑤	시설은 노동자에게 이용인 및 제3자로부터의 폭언, 폭행 등이 발생하거나 발생 위험이 우려되는 경우 업무를 일시적 중단 및 전환, 회복을 위한 조치를 취하고 있다.						
⑥	시설은 직장 내 괴롭힘을 금지하며, 예방 및 발생 조치에 관한 사항은 취업규칙에 명시하고 있다.						
⑦	노동자가 위험한 환경에서 작업하는 경우 보호조치를 취하고, 관련 정보를 노동자에게 제공한다.						
소계							

① 시설은 모든 노동자가 안전하게 업무를 수행할 수 있도록 업무 배치 전 담당 업무 교육을 실시하고, 정기적인 안전교육을 실시한다.

모든 노동자는 시설에서 업무를 시작할 때 업무 수행에 필요한 적절한 교육을 받아야 한다. 또한 정기적인 보건 및 안전교육을 통해 노동자들이 최신 정보를 습득하고 가능한 한 가장 안전한 방식으로 업무를 수행할 수 있도록 해야 한다. 작업환경에 대한 정부의 보건 및 안전 기준이 부적절할 경우 시설은 모든 직원이 모든 유형의 산업재해로부터 적절하게 보호되도록 하기 위해 국제 기준을 준수한다.

② 시설은 안전장구와 설비를 항상 안전하고 위생적이도록 유지한다.

시설 내의 환기와 실내온도, 조명, 음용수, 세면대, 의자, 작업복, 음식보관시설, 휴게실, 화장실 등이 적절하게 관리되고 있으며, 안전장구와 설비가 안전하고 위생적으로 유지되도록 모니터링하는 절차를 운영한다.

③ 재난안전관리 체계를 구축하였다.

보건복지부에서 발간한 사회복지시설 유형별 '사회복지관 시설 재난안전관리 매뉴얼'에 따라 화재 및 안전사고 등과 관련한 비상 연락체계 및 대응체계를 마련한다. 시설안전점검을 정기적으로 실시하고, 화재 안전기준에 따라 소방시설을 설치 또는 유지 · 관리한다. 시설의 비상대피로는 장애물로 막혀 있지 않으며, 항상 이용 가능하도록 관리되고 있다.

④ 시설은 시설 이용인의 폭언, 폭행 등으로 인한 노동자의 건강장애 예방 조치를 취하고 있다.

시설은 사회복지시설에서 노동자에게 발생하는 이용인으로부터의 폭언, 폭력을 예방하기 위한 규정 및 지침이 있으며, 대응체계를 구축하고 교육을 실시하여 안전한 업무환경 조성한다. 대응체계에는 다음의 조치를 포함한다.

- 폭언 등을 하지 않도록 요청하는 문구 게시 또는 음성 안내
- 문제 상황 발생 시 대처방법 등을 포함하는 이용인 응대업무 매뉴얼 마련
- 이용인 응대업무 매뉴얼의 내용 및 건강장해 예방 관련 교

육 실시

- 이용인의 폭언 등으로 인한 건강장해 예방을 위하여 필요한 조치

⑤ 시설은 노동자에게 이용인 및 제3자로부터의 폭언, 폭행 등이 발생하거나 발생 위험이 우려되는 경우 업무를 일시적 중단 및 전환, 회복을 위한 조치를 취하고 있다.

시설은 이용인 및 제3자로부터의 폭언, 폭력으로 인한 노동자의 신체적 · 정신적 건강 위험위 예방과 회복을 지원하는 규정 및 지침이 있으며, 다음의 조치를 포함한다.

- 업무의 일시적 중단 또는 전환
- 휴게시간의 연장
- 폭언 등으로 인한 건강문제 관련 치료 및 상담 지원
- 관할 수사기관 또는 법원에 증거물 · 증거서류를 제출하는 등 「산업안전보건법」에 의한 폭언 등으로 인한 고소, 고발 또는 손해배상 청구 등을 하는 데 필요한 지원

⑥ 시설은 직장 내 괴롭힘을 금지하며, 예방 및 발생 조치에 관한 사항은 취업규칙에 명시하고 있다.

직장 내 폭력과 괴롭힘은 피해자에게 고통과 불안을 야기할 뿐만 아니라 효율성 저하, 소송, 사기 저하, 높은 이직률, 결근 등의 측면에서 시설에 상당한 피해를 초래한다. 상사 및 동료의 괴롭힘으로부터 노동자를 보호하기 위해 시설은 예방 정책을 수립 · 시행, 민주적인 의사소통을 촉진하고, 교육을 실시하며, 직장 내 괴롭힘이 발생한 경우 절차에 따라 대응한다.

⑦ 노동자가 위험한 환경에서 작업하는 경우 보호조치를 취하고, 관련 정보를 노동자에게 제공한다.

시설은 유해 물질이나 유해한 조건에 노출된 모든 노동자에게 보호 장비를 무료로 제공한다. 또한 업무 환경에서의 위험과 위험을 최소화하는 방법에 대한 정보를 노동자에게 제공한다. 건강 문제로 인해 야간 근무에 부적합하다고 인정된 야간 근무자는 주간 업무로 배치하며, 야간 근무를 하는 노동자들에게 야간 근무와 관련된 건강 문제를 예방하는 정보를 제공한다. 전염성 질병의 유행으로 질병에 노출될 위험이 큰 경우 보호 장비 제공 외에 예방접종과 같은 조치를 취한다.

(2) D2. 임산부 및 장애인 등 보호

<임산부 및 장애인 등 보호 지표>

항목	지표		답변 결과					근거
			예	보완 필요	아니요	정보 없음	해당 없음	
D2. 임산부 및 장애인 등 보호	①	임산부, 장애인, 기타 취약 노동자에 대해 합리적인 편의를 제공하고, 다른 노동자와 동등한 대우를 한다.						
	②	시설은 임신 중이거나 산후 1년이 지나지 않은 여성, 18세 미만자를 도덕상 · 보건상 위험한 사업에 근로시키지 않는다.						
	③	임신을 한 노동자의 요청이 있는 경우, 해당 노동자의 근무지를 변경하기 위한 적절한 조치를 취한다.						
소계								

① 임산부, 장애인, 기타 취약 노동자에 대해 합리적인 편의를 제공하고, 다른 노동자와 동등한 대우를 한다.

임산부 및 장애인 등 사회적 약자인 노동자의 동등한 권리보장을 위해 이동편의시설 및 안전정보 제공 설비, 휴게시설(휠체어 이용 가능한 화장실, 수유실 등)을 갖추고 상시 이용이 원활하도록 점검 및 운영한다. 물리적 환경 외에 업무 조정 또는 업무 일정 수정과 같은 조치가 포함될 수 있으며, 건강 및 복지를 사유로 하여 임산부 및 장애인을 건강에 유해하지 않은 업무에서 배제하지 않는다.

② 시설은 임신 중이거나 산후 1년이 지나지 않은 여성, 18세 미만자를 도덕상 · 보건상 위험한 사업에 근로시키지 않는다.

「근로기준법」은 임산부와 산후 1년이 지나지 않은 여성, 18세 미만인 미성년자에 대해 원자력, 화학물질을 취급하거나 신체나 정신 건강에 영향을 줄 수 있는 업무 등 사용금지 직종을 정하고 있다. 사회복지시설은 법에서 정한 사용금지 직종에 포함되지는 않으나 임신한 노동자가 태아의 발달에 위협이 될 수 있는 모든 작업 환경에서 제외되도록 조치를 취해야 한다.

③ 임신을 한 노동자의 요청이 있는 경우 해당 노동자의 근무지를 변경하기 위한 적절한 조치를 취한다.

임신을 한 노동자가 요구할 경우 임산부와 태아에게 보다 안전한 작업 환경으로의 변경은 임신 기간 내내 지속되어야 하며, 필요한 경우 수유 기간에도 유지되어야 한다. 임산부 및 수유 중인 여성은 자신의 건강, 임신 또는 태아의 건강에 부정적인 결과를 초래할 수 있는 업무를 요구받아서는 안 된다.

(3) D3. 산업재해 피해 노동자 지원

<산업재해 피해 노동자 지원 지표>

항목	지표		답변 결과					근거
			예	보완 필요	아니요	정보 없음	해당 없음	
D3. 산업재해 피해 노동자 지원	①	시설은 노동자가 업무상 부상을 당하거나 질병에 걸리면 산재보험의 보상을 받을 수 있도록 지원한다.						
	②	시설은 업무상 부상을 당하거나 질병에 걸린 노동자가 산재보험의 대상이 아닐 경우 치료에 필요한 비용을 시설에서 지급한다.						
	③	시설은 화재로 인한 손해배상책임, 안전사고로 인한 피해를 입은 보호 대상자에 대한 손해배상책임 보험에 가입하고 있다.						
소계								

① 시설은 노동자가 업무상 부상을 당하거나 질병에 걸리면 산재보험의 보상을 받을 수 있도록 지원한다.

업무상 재해로 인한 심리적 · 신체적 치료 및 회복을 위해 휴가 부여 등의 적절한 복무조치와 산업재해 증빙 자료가 필요할 경우 적극적으로 지원하며, 관련 내용에 관한 정보를 제공한다.

② 시설은 업무상 부상을 당하거나 질병에 걸린 노동자가 산재보험의 대상이 아닐 경우 치료에 필요한 비용을 시설에서 지급한다.
업무상 발생한 부상, 질병 치료에 대한 지원 절차가 마련되어 있으며, 이 내용이 운영규정이나 취업규칙에 명시되어 있다.

③ 시설은 화재로 인한 손해배상책임, 안전사고로 인한 피해를 입은 보호 대상자에 대한 손해배상책임 보험에 가입하고 있다.
시설은 손해배상책임을 이행하기 위하여 손해보험회사의 책임보험에 가입하거나 한국사회복지공제회의 책임공제에 가입하였다.

(4) D영역 평가지표 근거

◆ 「세계인권선언」 제12조

국가는 노동자의 신체적, 정신적 건강을 향유할 권리의 완전한 실현을 달성하기 위하여 필요한 조치를 해야 한다.

◆ 「ILO 협약 제155호 산업안전보건 증진체계에 관한 협약」 제16조, 19조

제16조

1. 사용자는 합리적으로 실행 가능한 범위 내에서 자신의 통제하에 있는 사업장, 기계, 설비 및 작업과정이 안전하고 보건에 위협이 되지 아니 되도록 보장한다.
2. 사용자는 합리적으로 실행 가능한 범위 내에서 자신의 통제 하에 있는 화학적 · 물리적 · 생물학적 물질 및 인자에 대하여 적절한 보호 조치가 취해질 경우, 보건에 위협이 되지 아니 되도록 보장한다.

3. 사용자는 필요한 경우 합리적으로 실행 가능한 범위 내에서 사고의 위험이나 보건에 대한 악영향을 예방하기 위하여 적절한 방호장비와 방호설비를 제공한다.

제19조

기업 차원에서 다음 사항을 준비한다.

(가) 작업수행 과정에서 근로자는 사용자가 부과된 의무를 이행하는 데에 협력한다.

(나) 기업의 근로자 대표는 산업안전과 보건 분야에서 사용자와 협력한다.

(다) 산업안전과 보건을 확보하기 위하여 사용자가 실시한 조치에 관하여 기업의 근로자 대표에게 적절한 정보를 제공하며, 근로자 대표는 영업상의 비밀을 누설하지 아니할 것을 조건으로 자신이 대표하는 단체와 그러한 정보에 관하여 협의할 수 있다.

(라) 근로자와 기업의 근로자 대표에게 산업안전과 보건에 관한 적절한 훈련을 제공한다.

(마) 근로자 또는 근로자 대표 그리고 경우에 따라서는 기업의 근로자 단체는, 국내법과 관행에 따라 작업과 연관된 산업안전과 보건의 모든 측면에 대하여 조사할 수 있으며 사용자와 협의할 수 있다. 이를 위하여 상호협약에 따라 외부의 기술자문가에게 자문을 구할 수 있다.

(바) 근로자는 자신의 생명이나 보건에 급박하고 중대한 위험이 존재한다고 믿을만한 합리적인 정당성이 있는 모든 상황을 자신의 직상위자에게 즉시 보고한다. 구제조치가 필요한 경우 이를 취하기 전까지 사용자는 생명이나 보건에 급박하고 중대한 위험이 계속되고 있는 작업현장으로 복귀할 것을 근로자에게 요구할 수 없다.

◆ **「ILO 협약 제187호 산업안전보건 증진체계에 관한 협약」 제5조**

1. 모든 회원국은 가장 대표적인 노사단체와 협의하여 산업안전보건에 관한 국가 프로그램을 수립, 이행, 감시 및 평가하고 정기적으로 검토한다.
2. 국가 프로그램은 다음을 충족한다.

(가) 국가 안전보건 예방 문화 개발의 촉진

(나) 업무상 부상, 질병 및 사망을 방지하고 사업장에서의 안전보건을 증진하기 위하여 국내법과 관행에 따라, 합리적으로 실현가능한 범위 내에서, 업무관련 유해 및 위험을 제거 또는 최소화함으로써 근로자 보호에 기여

(다) 산업안전보건을 위한 국가 제도에 대한 분석을 포함하여, 산업안전보건과 관련한 국가현황 분석 결과를 근거로 한 수립과 검토

(라) 목적, 목표 및 성과 지표를 포함

(마) 가능한 경우, 안전하고 건강한 작업환경의 점진적 달성을 지원하는 그 밖의 보완적인 국가 프로그램과 계획의 지원을 받음

◆ 「근로기준법」 제65조(사용 금지)

① 사용자는 임신 중이거나 산후 1년이 지나지 아니한 여성(이하 "임산부"라 한다)과 18세 미만자를 도덕상 또는 보건상 유해 · 위험한 사업에 사용하지 못한다.

② 사용자는 임산부가 아닌 18세 이상의 여성을 제1항에 따른 보건상 유해 · 위험한 사업 중 임신 또는 출산에 관한 기능에 유해 · 위험한 사업에 사용하지 못한다.

◆ 「근로기준법」 제76조2(직장 내 괴롭힘의 금지)

사용자 또는 근로자는 직장에서의 지위 또는 관계 등의 우위를 이용하여 업무상 적정범위를 넘어 다른 근로자에게 신체적 · 정신적 고통을 주거나 근무환경을 악화시키는 행위(이하 "직장 내 괴롭힘"이라 한다)를 하여서는 아니 된다.

◆ 「근로기준법」 제76조3(직장 내 괴롭힘 발생시 조치)

① 누구든지 직장 내 괴롭힘 발생 사실을 알게 된 경우 그 사실을 사용자에게 신고할 수 있다.

② 사용자는 제1항에 따른 신고를 접수하거나 직장 내 괴롭힘 발생 사실을 인지한 경우에는 지체 없이 당사자 등을 대상으로 그 사실 확인을 위하여 객관적으로 조사를 실시하여야 한다.

③ 사용자는 제2항에 따른 조사 기간 동안 직장 내 괴롭힘과 관련하여 피해를 입은 근로자 또는 피해를 입었다고 주장하는 근로자(이하 "피해근로자등"이라 한다)를 보호하기 위하여 필요한 경우 해당 피해근로자등에 대하여 근무장소의 변경, 유급휴가 명령 등 적절한 조치를 하여야 한다. 이 경우 사용자는 피해근로자등의 의사에 반하는 조치를 하여서는 아니 된다.

④ 사용자는 제2항에 따른 조사 결과 직장 내 괴롭힘 발생 사실이 확인된 때에는 피해근로자가 요청하면 근무장소의 변경, 배치전환, 유급휴가 명령 등 적절한 조치를 하여야 한다.

⑤ 사용자는 제2항에 따른 조사 결과 직장 내 괴롭힘 발생 사실이 확인된 때에는 지체 없이 행위자에 대하여 징계, 근무장소의 변경 등 필요한 조치를 하여야 한다. 이 경우 사용자는 징계 등의 조치를 하기 전에 그 조치에 대하여 피해근로자의 의견을 들어야 한다.

⑥ 사용자는 직장 내 괴롭힘 발생 사실을 신고한 근로자 및 피해근로자등에게 해고나 그 밖의 불리한 처우를 하여서는 아니 된다.

⑦ 제2항에 따라 직장 내 괴롭힘 발생 사실을 조사한 사람, 조사 내용을 보고받은 사람 및 그 밖에 조사 과정에 참여한 사람은 해당 조사 과정에서 알게 된 비밀을 피해근로자등의 의사에 반하여 다른 사람에게 누설하여서는 아니 된다. 다만, 조사와 관련된 내용을 사용자에게 보고하거나 관계 기관의 요청에 따라 필요한 정보를 제공하는 경우는 제외한다.

◆ **「산업안전보건법」 제5조(사업주 등의 의무)**

① 사업주(제77조에 따른 특수형태근로종사자로부터 노무를 제공받는 자와 제78조에 따른 물건의 수거·배달 등을 중개하는 자를 포함한다. 이하 이 조 및 제6조에서 같다)는 다음 각 호의 사항을 이행함으로써 근로자(제77조에 따른 특수형태근로종사자와 제78조에 따른 물건의 수거·배달 등을 하는 사람을 포함한다. 이하 이 조 및 제6조에서 같다)의 안전 및 건강을 유지·증진시키고 국가의 산업재해 예방정책을 따라야 한다.

1. 이 법과 이 법에 따른 명령으로 정하는 산업재해 예방을 위한 기준
2. 근로자의 신체적 피로와 정신적 스트레스 등을 줄일 수 있는 쾌적한

작업환경의 조성 및 근로조건 개선

3. 해당 사업장의 안전 및 보건에 관한 정보를 근로자에게 제공

② 다음 각 호의 어느 하나에 해당하는 자는 발주 · 설계 · 제조 · 수입 또는 건설을 할 때 이 법과 이 법에 따른 명령으로 정하는 기준을 지켜야 하고, 발주 · 설계 · 제조 · 수입 또는 건설에 사용되는 물건으로 인하여 발생하는 산업재해를 방지하기 위하여 필요한 조치를 하여야 한다.

1. 기계 · 기구와 그 밖의 설비를 설계 · 제조 또는 수입하는 자
2. 원재료 등을 제조 · 수입하는 자
3. 건설물을 발주 · 설계 · 건설하는 자

◆ 「산업안전보건법」제41조(고객의 폭언 등으로 인한 건강장해 예방조치 등)

① 사업주는 주로 고객을 직접 대면하거나 「정보통신망 이용촉진 및 정보보호 등에 관한 법률」 제2조 제1항 제1호에 따른 정보통신망을 통하여 상대하면서 상품을 판매하거나 서비스를 제공하는 업무에 종사하는 고객응대근로자에 대하여 고객의 폭언, 폭행, 그 밖에 적정 범위를 벗어난 신체적 · 정신적 고통을 유발하는 행위(이하 이 조에서 "폭언등"이라 한다)로 인한 건강장해를 예방하기 위하여 고용노동부령으로 정하는 바에 따라 필요한 조치를 하여야 한다.

② 사업주는 업무와 관련하여 고객 등 제3자의 폭언 등으로 근로자에게 건강장해가 발생하거나 발생할 현저한 우려가 있는 경우에는 업무의 일시적 중단 또는 전환 등 대통령령으로 정하는 필요한 조치를 하여야 한다.

③ 근로자는 사업주에게 제2항에 따른 조치를 요구할 수 있고, 사업주는 근로자의 요구를 이유로 해고 또는 그 밖의 불리한 처우를 해서는 아니된다.

◆ 「산업안전보건법 시행령」 제41조(제3자의 폭언 등으로 인한 건강장해 발생 등에 대한 조치

법 제41조 제2항에서 "업무의 일시적 중단 또는 전환 등 대통령령으로 정하

는 필요한 조치"란 다음 각 호의 조치 중 필요한 조치를 말한다.

1. 업무의 일시적 중단 또는 전환
2. 「근로기준법」 제54조 제1항에 따른 휴게시간의 연장
3. 법 제41조 제2항에 따른 폭언 등으로 인한 건강장해 관련 치료 및 상담 지원
4. 관할 수사기관 또는 법원에 증거물 · 증거서류를 제출하는 등 법 제41조 제2항에 따른 폭언등으로 인한 고소, 고발 또는 손해배상 청구 등을 하는 데 필요한 지원

◆ **「산업안전보건법 시행규칙」 제41조(고객의 폭언 등으로 인한 건강장해 예방조치 등)**

사업주는 법 제41조 제1항에 따라 건강장해를 예방하기 위하여 다음 각 호의 조치를 해야 한다.

1. 법 제41조 제1항에 따른 폭언등을 하지 않도록 요청하는 문구 게시 또는 음성 안내
2. 고객과의 문제 상황 발생 시 대처방법 등을 포함하는 고객응대업무 매뉴얼 마련
3. 제2호에 따른 고객응대업무 매뉴얼의 내용 및 건강장해 예방 관련 교육 실시
4. 그 밖에 법 제41조 제1항에 따른 고객응대근로자의 건강장해 예방을 위하여 필요한 조치

◆ **「사회복지사업법」 제34조의3(보험가입의무)**

① 시설의 운영자는 다음 각 호의 손해배상책임을 이행하기 위하여 손해보험회사의 책임보험에 가입하거나 「사회복지사 등의 처우 및 지위 향상을 위한 법률」 제4조에 따른 한국사회복지공제회의 책임공제에 가입하여야 한다.

1. 화재로 인한 손해배상책임

2. 화재 외의 안전사고로 인하여 생명신체에 피해를 입은 보호대상자에 대한 손해배상책임

◆ 「사회복지사업법」 제34조의4(시설의 안전점검 등)

① 시설의 장은 시설에 대하여 정기 및 수시 안전점검을 실시하여야 한다.

② 시설의 장은 제1항에 따라 정기 또는 수시 안전점검을 한 후 그 결과를 시장 · 군수 · 구청장에게 제출하여야 한다.

③ 시장 · 군수 · 구청장은 제2항에 따른 결과를 받은 후 필요한 경우에는 시설의 운영자에게 시설의 보완 또는 개수(改修) · 보수를 요구할 수 있으며, 이 경우 시설의 운영자는 요구에 따라야 한다.

④ 국가나 지방자치단체는 예산의 범위에서 제1항부터 제3항까지의 규정에 따른 안전점검, 시설의 보완 및 개수 · 보수에 드는 비용의 전부 또는 일부를 보조할 수 있다.

⑤ 제1항부터 제4항까지의 규정에 따른 정기 또는 수시 안전점검을 받아야 하는 시설의 범위, 안전점검 시기, 안전점검기관 및 그 절차는 대통령령으로 정한다.

◆ 「소방시설법」 제12조(특정소방대상물에 설치하는 소방시설의 관리 등)

① 특정소방대상물의 관계인은 대통령령으로 정하는 소방시설을 화재안전기준에 따라 설치 · 관리하여야 한다. 이 경우 「장애인 · 노인 · 임산부 등의 편의증진 보장에 관한 법률」 제2조 제1호에 따른 장애인등이 사용하는 소방시설(경보설비 및 피난구조설비를 말한다)은 대통령령으로 정하는 바에 따라 장애인 등에 적합하게 설치 · 관리하여야 한다.

5) E영역: 책임 있는 협력관계 구축

책임 있는 협력관계 구축 영역은 협력기관 등의 인권침해 예방지표로 구성되었다.

(1) E1. 협력기관 등의 인권침해 예방

<협력기관 등의 인권침해 예방>

항목	지표		답변 결과					근거
			예	보완 필요	아니요	정보 없음	허당 없음	
E1. 협력기관 등의 인권침해 예방	①	시설은 협력 사업 추진 시 협력 업체 및 기관, 단체들도 인권보호를 위해 노력하도록 조치를 취한다.						
	②	시설은 모든 계약에 관련 기관들이 모든 업무영역에서 인권을 존중해 줄 것을 기대한다는 내용을 포함시킨다.						
	③	시설은 시설보수 공사, 강사 채용 등을 조건으로 금전 및 후원금을 비롯한 부당한 요구를 하지 않는다.						
	④	시설은 직원에 의한 보안 관련 인권침해가 발생하지 않도록 유의하며 직원들은 보안이 포함된 인권보호 교육을 받는다.						
	⑤	시설은 보안 사무를 외주하는 경우, 계약서를 통해 명시적으로 인권보호 준칙의 준수를 요구한다.						
소계								

① 시설은 협력 사업 추진 시 협력 업체 및 기관, 단체들도 인권보호를 위해 노력하도록 조치를 취한다.

시설은 시설의 운영과 직접 관련된 인권영향에 대해서만 책무가 있은 것은 아니며, 시설의 영향력 범위 안에 있는 협력 업체 및 기관, 단체의 인권침해 문제에 대해서도 책무가 있다. 따라서 시설은 협력기관의 인권보호 상황을 평가하고 그 결과에 따라 협력 기관 및 업체를 선정하는 절차를 가지고 있어야 한다. 협력기관의 인권침해행위가 시정되지 않는 경우라면 협력관계의 중단을 고려한다. 시설에 기자재나 식자재를 납품하는 업체, 설비 업체를 선정할 때 인권 관련 이슈 여부를 업체 선정 조건에 포함할 수 있다.

② 시설은 모든 계약에 관련 기관들이 모든 업무영역에서 인권을 존중해 줄 것을 기대한다는 내용을 포함시킨다.
시설은 협력기관에 대한 시설의 인권경영에 따른 인권보장 및 부패 방지 약속을 알리고, 협력기관도 이 약속을 준수할 것을 요청한다. 관련 내용은 협약서, 계약서 등에 명시한다.

③ 시설은 시설보수 공사, 강사 채용 등을 조건으로 금전 및 후원금을 비롯한 부당한 요구를 하지 않는다.
시설은 계약관계로 인한 우월적 지위를 남용하여 기자재나 식자재를 납품하는 업체, 설비 업체, 강사 등에게 부당한 요구나 처우를 하지 않는다. 부당한 처우란 금전이나 물품 기부, 바자회 티켓 및 물품 구매 강요를 비롯하여 지나친 가격조정이나 계약된 사항 이외의 요구 등을 포함한다.

④ 시설은 직원에 의한 보안 관련 인권침해가 발생하지 않도록

유의하며 직원들은 보안이 포함된 인권보호 교육을 받는다.
시설에는 개인정보호를 포함한 관련 규정과 담당자가 지정되어 있으며, 보안 관련 내용이 포함된 인권교육을 실시한다. 특히 시설의 보안담당자는 별도의 교육을 이수한다.

⑤ 시설은 보안 사무를 외주하는 경우, 계약서를 통해 명시적으로 인권보호 준칙의 준수를 요구한다.
시설이 보안사무를 외부 업체에서 맡기는 경우 시설의 담당자는 보안과 관련된 인권보호 준칙이 준수되는지를 정기적으로 모니터링한다. 계약서는 시설에서 요구한 인권보호 준칙이 준수되지 않을 경우 계약을 해지한다는 조항을 포함한다

(2) E영역 평가지표 근거

◆ 「UN 기업과 인권 이행 지침」 17

인권에 미치는 부정적 영향을 파악 · 방지 · 완화하고 기업의 행동에 책임을 지기 위해 기업은 인권에 대한 상세한 주의를 실행해야 한다. 이 절차는 인권에 대한 실제적 · 잠재적 영향을 평가하고 통합하며, 발견한 사실에 따라 행동하고, 그 반응에 대해 기록하고 어떻게 영향을 다루었는지 커뮤니케이션하는 것을 포함한다. 인권에 대한 상세한 주의는 다음과 같은 특징을 가진다.

(a) 기업의 운영, 생산, 서비스와 직접적으로 연관된 비즈니스 관계 혹은 기업 활동이 인권에 부정적인 영향을 야기하였거나 기여한 것을 다뤄야 한다.
(b) 기업의 규모와 인권에 미치는 위험도의 수준, 사업 운영 성격과 환경에 따라 그 범위와 복잡성이 다양하다.
(c) 기업의 활동과 사업 운영 환경이 변화함에 따라 인권에 미치는 위험도 점

차 바뀐다는 것을 인식하면서 계속 진행되어야 한다.

◆ 「독점규제 및 공정거래에 관한 법률」 제5조(시장지배적지위의 남용금지)

① 시장지배적사업자는 다음 각 호의 어느 하나에 해당하는 행위(이하 "남용행위"라 한다)를 해서는 아니 된다.

1. 상품의 가격이나 용역의 대가(이하 "가격"이라 한다)를 부당하게 결정 · 유지 또는 변경하는 행위
2. 상품의 판매 또는 용역의 제공을 부당하게 조절하는 행위
3. 다른 사업자의 사업활동을 부당하게 방해하는 행위
4. 새로운 경쟁사업자의 참가를 부당하게 방해하는 행위
5. 부당하게 경쟁사업자를 배제하기 위하여 거래하거나 소비자의 이익을 현저히 해칠 우려가 있는 행위

◆ 「기부금품의 모집 및 사용에 관한 법률」 제6조(기부금품 출연 강요의 금지 등)

① 모집자나 모집종사자는 다른 사람에게 기부금품을 낼 것을 강요하여서는 아니 된다.

◆ 「개인정보 보호법」 제3조(개인정보 보호 원칙)

① 개인정보처리자는 개인정보의 처리 목적을 명확하게 하여야 하고 그 목적에 필요한 범위에서 최소한의 개인정보만을 적법하고 정당하게 수집하여야 한다.

② 개인정보처리자는 개인정보의 처리 목적에 필요한 범위에서 적합하게 개인정보를 처리하여야 하며, 그 목적 외의 용도로 활용하여서는 아니 된다.

③ 개인정보처리자는 개인정보의 처리 목적에 필요한 범위에서 개인정보의 정확성, 완전성 및 최신성이 보장되도록 하여야 한다.

④ 개인정보처리자는 개인정보의 처리 방법 및 종류 등에 따라 정보주체의 권리가 침해받을 가능성과 그 위험 정도를 고려하여 개인정보를 안전하게 관리하여야 한다.

⑤ 개인정보처리자는 제30조에 따른 개인정보 처리방침 등 개인정보의 처리에 관한 사항을 공개하여야 하며, 열람청구권 등 정보주체의 권리를 보장하여야 한다.

⑥ 개인정보처리자는 정보주체의 사생활 침해를 최소화하는 방법으로 개인정보를 처리하여야 한다.

⑦ 개인정보처리자는 개인정보를 익명 또는 가명으로 처리하여도 개인정보 수집목적을 달성할 수 있는 경우 익명처리가 가능한 경우에는 익명에 의하여, 익명처리로 목적을 달성할 수 없는 경우에는 가명에 의하여 처리될 수 있도록 하여야 한다.

⑧ 개인정보처리자는 이 법 및 관계 법령에서 규정하고 있는 책임과 의무를 준수하고 실천함으로써 정보주체의 신뢰를 얻기 위하여 노력하여야 한다.

◆ **「개인정보 보호법」 제4조(정보주체의 권리)**

정보주체는 자신의 개인정보 처리와 관련하여 다음 각 호의 권리를 가진다.

1. 개인정보의 처리에 관한 정보를 제공받을 권리
2. 개인정보의 처리에 관한 동의 여부, 동의 범위 등을 선택하고 결정할 권리
3. 개인정보의 처리 여부를 확인하고 개인정보에 대한 열람(사본의 발급을 포함한다. 이하 같다) 및 전송을 요구할 권리
4. 개인정보의 처리 정지, 정정 · 삭제 및 파기를 요구할 권리
5. 개인정보의 처리로 인하여 발생한 피해를 신속하고 공정한 절차에 따라 구제받을 권리
6. 완전히 자동화된 개인정보 처리에 따른 결정을 거부하거나 그에 대한 설명 등을 요구할 권리

6) F영역: 환경권 보장

환경권 보장 영역은 환경권 보장 계획수립 및 시행 지표, 기후재난 대응 지표로 구성되었다.

(1) F1. 환경권 보장 계획수립 및 시행

<환경권 보장 계획수립 및 시행 지표>

항목	지표		답변 결과					근거
			예	보완 필요	아니요	정보 없음	해당 없음	
F1. 환경권 보장 계획수립 및 시행	①	시설은 환경권 보장을 위한 운영체계를 마련하였다.						
	②	시설은 국가와 지방자치단체의 환경권 보장 정책과 시책들을 정기적으로 파악하고 이를 시설 내외의 이해관계자들과 공유한다.						
	③	시설은 국가 및 지자체의 탄소중립 및 녹색성장 시책에 협력하며, 탄소중립 사회 실현을 위한 시설의 계획이 수립되었고 이에 대한 정보를 공개한다.						
	④	시설은 기후변화 및 기후위기와 관련하여 정기적으로 노동자를 교육하고 훈련한다.						
	⑤	시설은 이용인에게 서비스 제공 시 이것이 탄소중립 및 정의로운 전환에 미치는 영향을 고려한다.						
소계								

① 시설은 환경권 보장을 위한 운영체계를 마련하였다.

지속가능발전목표(SDGs), 「환경정책기본법」, 「기후위기 대응을 위한 탄소중립 · 녹색성장 기본법」(약칭 「탄소중립기본법」) 등 국가의 환경 관련 정책 및 국제적 기준을 반영한 규정 및 지침이 있다. 환경권 보장은 예방적 접근 원칙을 기본으로 하며, 시설 운영에 따른 환경침해를 사전에 예방하거나 완화하는 조치를 취한다.

② 시설은 국가와 지방자치단체의 환경권 보장 정책과 시책들을 정기적으로 파악하고 이를 시설 내외의 이해관계자들과 공유한다.

국가와 지방자치단체의 환경권 보장 정책을 파악하여 시설 운영에 반영하며, 관련 정보는 시설 내 비치, 홈페이지, 각종 회의 및 교육을 통해 이해관계자들에게 공유한다.

③ 시설은 국가 및 지자체의 탄소중립 및 녹색성장 시책에 협력하며, 탄소중립 사회 실현을 위한 시설의 계획이 수립되었고, 이에 대한 정보를 공개한다.

시설의 이용인과 노동자, 지역주민 등 이해관계자들의 참여와 협력을 통해 탄소중립 계획을 개발하여 공개하고 정기적으로 모니터링한다. 시설은 녹색생활을 실천하고 정의로운 전환을 위한 노력을 지속적으로 수행한다. 시설운영 및 서비스 제공 시 녹색제품을 우선 구매하고 탄소발자극을 고려하여 제품을 구매하며, 일회용품 사용 자제, 플라스틱 사용 감소, 분리수거 등을 실천한다. 불필요한 후원물품은 접수하지 않으며, 이용인 및 지역주민에게 지원하는 물품은 에너지효율 등급을 고려한다.

④ 시설은 기후변화 및 기후위기와 관련하여 정기적으로 노동자를 교육하고 훈련한다.
기후변화 및 기후위기에 관한 교육은 정기적으로 실시하여 기후위기에 관한 인식을 제고하고, 시설의 역량을 강화한다. 교육은 다음의 내용을 포함한다.
a. 기후변화에 대한 국가 및 지방자치단체의 정책, 전략, 계획
b. 기후변화 완화, 적응, 영향 감소 방안
c. 지역사회 및 취약집단 지원에 초점을 둔 관리 방안

⑤ 시설은 이용인에게 서비스 제공 시 이것이 탄소중립 및 정의로운 전환에 미치는 영향을 고려한다.
서비스 제공 시 탄소배출을 줄이는 방법과 취약계층의 피해를 최소화하는 방법을 활용하였는지 점검한다. 「탄소중립기본법」에서 정의한 정의로운 전환이란 탄소중립 사회로 이행하는 과정에서 직간접적 피해를 입을 수 있는 지역이나 산업의 노동자, 농민, 중소상공인 등을 보호하여 이행 과정에서 발생하는 부담을 사회적으로 분담하고 취약계층의 피해를 최소화하는 정책방향을 말한다.

(2) F2. 기후재난 대응

<기후재난 대응 지표>

항목	지표		답변 결과					근거
			예	보완 필요	아니요	정보 없음	해당 없음	
F2. 기후재난 대응	①	시설은 기후위기 및 기후재난 대응을 위하여 지역주민의 역량강화를 위해 노력한다.						
	②	시설은 지자체와 함께 기후재난 대응 매뉴얼을 개발했으며, 비상시 대응방법도 알고 있다.						
	③	시설은 비상사태가 발생한 경우 지자체, 소방서, 경찰서, 행정복지센터에 즉시 통보할 수 있는 비상연락장치를 마련해 두었다.						
	④	시설은 재난 대응 과정에서 이용인의 인권이 보장될 수 있도록 노력한다.						
소계								

① 시설은 기후위기 및 기후재난 대응을 위하여 지역주민의 역량강화를 위해 노력한다.

기후위기 및 기후재난 대응을 위한 주민교육을 실시하며, 지역주민 및 지역 단체들과 연대활동을 한다.

② 시설은 지자체와 함께 기후재난 대응 매뉴얼을 개발했으며, 비상시 대응방법도 알고 있다.

시설은 비상사태에 대처하기 위한 기후재난 대응 매뉴얼을 마련하고 비상조치 절차에 노동자와 이용인을 대상으로 정기적인 대응훈련을 실시한다.

③ 시설은 비상사태가 발생한 경우 지자체, 소방서, 경찰서, 행정복지센터에 즉시 통보할 수 있는 비상연락장치를 마련해 두었다.
시설은 비상연락장치 및 비상연락체계를 마련하였으며, 비상연락체계에 포함된 관청 및 관공서와 협조체계를 구축하고 있다. 비상연락체계는 노동자와 이용인이 쉽게 볼 수 있는 곳에 비치하거나 게시한다.

④ 시설은 재난 대응 과정에서 이용인의 인권이 보장될 수 있도록 노력한다.
시설은 재난 대응 과정에서 발생할 수 있는 인권위험 요소를 점검하여 이용인의 인권보장을 위한 지침을 마련한다. 지침은 운영규정이나 관련 지침에 포함할 수 있으며, 재난 대응 매뉴얼은 이용인의 인권보장을 기본 원칙으로 하여 만든다.

(3) F영역 평가지표 근거

◆ **지속가능발전목표(Sustainable Development Goals: SDGs)**

지속가능발전목표(SDGs)는 전세계의 빈곤 문제를 해결하고, 지속가능발전을 실현하기 위해 2016년부터 2030년까지 UN과 국제사회가 달성해야 할 목표로 2015년 9월 채택되었다. 기업은 SDGs를 기업 전략 및 활동에 연계함으로써 부정적인 영향을 최소화하고, SDGs의 성공적인 달성에 기여할 수 있다.

목표 6. 물과 위생: 모두를 위한 식수 및 위생시설의 접근성을 확보하고 지속가능한 관리를 보장한다.

목표 7. 깨끗한 에너지: 모두를 위한 적정 가격의 신뢰성 있고 지속가능한 현대적인 에너지의 접근을 보장한다.

목표 12. 책임있는 소비와 생산: 지속가능한 소비 및 생산 양식을 보장한다.

목표 13. 기후변화 대응: 기후변화와 그 영향에 대처하는 긴급행동을 시행한다.

목표 14. 해양 생태계: 지속가능한 발전을 위한 대양, 바다, 해양 자원을 보호하고 지속가능하게 이용한다.

목표 15. 육상생태계: 육상 생태계를 보호, 복원 및 지속가능하게 이용하고, 산림을 지속가능하게 관리하며, 사막화와 토지 황폐화를 방지 및 복원하고, 생물 다양성의 손실을 방지한다.

◆ 「헌법」 제35조

모든 국민은 건강하고 쾌적한 환경에서 생활할 권리를 가지며, 국가와 국민은 환경보전을 위하여 노력하여야 한다.

◆ 「환경정책기본법」 제5조(사업자의 책무)

사업자는 그 사업활동으로부터 발생하는 환경오염 및 환경훼손을 스스로 방지하기 위하여 필요한 조치를 하여야 하며, 국가 또는 지방자치단체의 환경보전시책에 참여하고 협력하여야 할 책무를 진다.

◆ 「환경정책기본법」 제6조(국민의 권리와 의무)

① 모든 국민은 건강하고 쾌적한 환경에서 생활할 권리를 가진다.

② 모든 국민은 국가 및 지방자치단체의 환경보전시책에 협력하여야 한다.

③ 모든 국민은 일상생활에서 발생하는 환경오염과 환경훼손을 줄이고, 국토 및 자연환경의 보전을 위하여 노력하여야 한다.

◆ 「기후위기 대응을 위한 탄소중립 · 녹색성장 기본법」 제5조(공공기관, 사업자 및 국민의 책무)

① 공공기관은 탄소중립 사회로의 이행을 위한 국가 및 지방자치단체의 시책에 적극 협조하고, 제66조 제4항에 따른 녹색제품의 우선 구매 등을 통하여 녹색기술 · 녹색산업에 대한 투자 및 고용 확대를 유도하며, 예산의 수립과 집행, 사업의 선정과 추진 등 모든 활동에서 기후위기에 미치는 영향을 최소화하도록 노력하여야 한다.

② 사업자는 제55조에 따른 녹색경영을 통하여 사업활동으로 인한 온실가스 배출을 최소화하고 녹색기술 연구개발과 녹색산업에 대한 투자 및 고용을 확대하도록 노력하여야 하며, 국가와 지방자치단체의 시책에 참여하고 협력하여야 한다.

③ 국민은 가정과 학교 및 사업장 등에서 제67조 제1항에 따른 녹색생활을 적극 실천하고, 국가와 지방자치단체의 시책에 참여하며 협력하여야 한다.

◆ 「기후위기 대응을 위한 탄소중립 · 녹색성장 기본법」 제55조(기업의 녹색경영 촉진 등)

정부는 기업이 경영활동에서 자원과 에너지를 절약하고 효율적으로 이용하며 온실가스 배출 및 환경오염의 발생을 최소화하면서 사회적 · 윤리적 책임을 다하는 경영을 할 수 있도록 지원 · 촉진하기 위하여 다음 각 호의 사항을 포함하는 시책을 수립 · 시행하여야 한다.

1. 친환경 생산체제로의 전환을 위한 기술지원
2. 기업의 온실가스 배출량, 온실가스 감축 실적 및 온실가스 감축 계획의 공개
3. 기업의 에너지 · 자원 이용 효율화, 산림 조성 및 자연환경 보전, 지속가능발전 정보 등 녹색경영 성과의 공개
4. 중소기업의 녹색경영에 대한 지원 및 녹색기술의 사업화 촉진을 위한 지원
5. 대기업의 중소기업에 대한 녹색기술 지도 · 기술이전 및 기술인력 파견에 대한 지원

6. 대기업과 중소기업의 녹색기술 공동개발에 대한 지원
7. 녹색기술 · 녹색산업에 관한 전문인력 양성 · 확보 및 국외 진출
8. 그 밖에 기업의 녹색기술 및 녹색경영 촉진에 관한 사항

◆ **「기후위기 대응을 위한 탄소중립 · 녹색성장 기본법」 제67조(녹색생활 운동 지원 및 교육 · 홍보)**

① 정부는 국민의 생산 · 소비 · 활동 등 일상생활에서 에너지와 자원을 절약하고 녹색제품으로 소비를 전환함으로써 온실가스와 오염물질의 발생을 최소화하는 생활(이하 "녹색생활"이라 한다)을 지원할 수 있는 시책을 마련하고 지방자치단체 · 기업 및 민간단체 등과 탄소중립을 지향하는 협력체계를 구축하며, 교육 · 홍보를 강화하는 등 범국민적 녹색생활 운동을 적극 전개하여야 한다.

7) G영역: 이용인 인권보장

이용인 인권보장 영역은 이용인 자기결정권 및 참여권 보장 지표, 안전권 · 자유권 보장 지표, 강제노동 금지 지표로 구성되었다.

(1) G1. 이용인 자기결정원 및 참여권 보장

<이용인 자기결정권 및 참여권 보장 지표>

항목		지표	답변 결과					근거
			예	보완 필요	아니요	정보 없음	해당 없음	
G1. 이용인 자기결정권 및 참여권 보장	①	시설은 이용인의 인권을 최우선으로 하며 이용인의 인권존중을 위한 운영체계를 마련하였다.						
	②	시설은 합리적 이유 없이 성별, 종교, 장애, 나이, 사회적 신분, 출신지역, 용모, 인종 등 신체조건, 혼인 여부, 임신 또는 출산, 가족 형태, 사상 또는 정치적 의견, 형의 효력이 실효된 전과, 성적 지향, 병력 등을 이유로 이용인을 시설 이용에서 차별하지 않는다.						
	③	시설은 이용인 및 이용을 원하는 사람에게 서비스 이용을 포함하여 필요한 정보를 충분히 알리고 있다.						
	④	시설은 이용인의 선택권을 보장하기 위하여 시설 이용과 계약의 결정에 당사자의 의사를 확인한다.						
	⑤	시설은 이용을 결정한 당사자에게 기관현황, 서비스 제공의 목적, 서비스 내용, 이용인 권리, 고충처리 및 구제절차에 대한 정보를 문서로 제공한다.						

⑥	시설은 이용인의 시설 운영 참여를 보장하고, 이용인의 자유로운 의사표현이나 의견 개진을 이유로 시설 이용에 불이익을 주지 않는다.						
⑦	시설은 시설의 정책결정 과정에 이용인의 의견을 수렴하고 참여할 수 있는 제도가 있고, 정책결정 결과를 이용인에게 알린다.						
⑧	시설은 시설 이용 과정에서 발생하는 인권위험(risk)에 대해 신속하고 적절한 구제조치를 한다.						
소계							X

① 시설은 이용인의 인권을 최우선으로 하며 이용인의 인권존중을 위한 운영체계를 마련하였다.

시설은 모든 사업과 시설운영에서 이용인의 존엄과 가치를 보장하기 위해 인권보장규정을 제정하고 이를 시설 운영의 행동규범 및 가치 판단 기준으로 삼아 실천한다. 이용인의 인권보호와 증진을 위한 관련 사업을 적극 추진하며, 사업 계획을 수립할 때는 이용인의 참여를 최대한 보장한다.

② 시설은 합리적 이유 없이 성별, 종교, 장애, 나이, 사회적 신분, 출신지역, 용모, 인종 등 신체조건, 혼인 여부, 임신 또는 출산, 가족 형태, 사상 또는 정치적 의견, 형의 효력이 실효된 전과, 성적 지향, 병력 등을 이유로 이용인을 시설 이용에서 차별하

지 않는다.

시설은 이용인에 대한 차별을 금지하기 위해 규정이나 지침을 마련하였으며, 시설 이용에서 차별이 발생하지 않도록 인권교육, 모니터링 등의 예방 조치를 취하고 있다. 시설에서의 차별은 시설 이용과 관련하여 특정한 사람을 우대 · 배제 · 구별하거나 불리하게 대우하는 행위로 편의시설 · 설비 · 도구 · 서비스 이용 등 시설의 인적 · 물적 영역을 모두 포함한다.

③ 시설은 이용인 및 이용을 원하는 사람에게 서비스 이용을 포함하여 필요한 정보를 충분히 알리고 있다.

시설은 시설 이용을 원하는 사람에게 시설과 이용 절차에 대한 정보, 당사자의 욕구에 맞는 서비스의 가능 여부를 안내한다. 시설 이용 신청자는 서비스 접수, 대기, 처리 절차 등 시설 서비스 이용에 대한 정보를 요청 및 열람 할 수 있다. 정보는 당사자가 이해하기 쉬운 언어를 사용하며, 불리한 정보를 포함한 충분한 정보를 제공한다.

④ 시설은 이용인의 선택권을 보장하기 위하여 시설 이용과 계약의 결정에 당사자의 의사를 확인한다.

이용 결정과 계약 주체는 당사자로 하며 미성년, 의사소통의 제한 등의 사유로 법정 대리인이 결정을 하는 경우 당사자의 의사를 반드시 확인한다. 당사자가 시설 이용을 거부하는 데도 불구하고, 법정 대리인이 이용을 강요하는 경우 당사자와의 면담을 실시하며 그 내용을 관할 관청에 보고하고, 사안에 따라 인권기구 및 전문기관에 의뢰한다.

⑤ 시설은 이용을 결정한 당사자에게 기관현황, 서비스 제공의 목적, 서비스 내용, 이용인 권리, 고충처리 및 구제절차에 대한 정보를 접근가능한 형태의 문서 및 자료로 제공한다.
정보는 이용인의 특성을 고려해 이용인이 이해하기 쉬운 언어와 표현을 사용하여 제공하며, 문서를 포함한 접근가능한 형태의 자료로 제공한다.

⑥ 시설은 이용인의 시설 운영 참여를 보장하고, 이용인의 자유로운 의사표현이나 의견 개진을 이유로 시설 이용에 불이익을 주지 않는다.
시설은 이용인이 서비스의 주체로서 존중받고, 시설 운영에 참여할 수 있는 체계를 마련함으로써 이용인의 권익을 보장한다. 시설은 이용인이 시설운영위원회, 시설인권위원회 또는 그 외의 회의에서 자유롭게 의사를 개진할 수 있도록 보장한다.

⑦ 시설은 시설의 정책결정 과정에 이용인의 의견을 수렴하고 참여할 수 있는 제도가 있고, 정책결정 결과를 이용인에게 알린다.
시설은 이용인들이 자율적으로 대표를 선출하여 이용인 총회, 자치회, 운영위원회에 참여할 수 있도록 한다. 이용인들이 제시한 내용이 반영되지 않았을 경우를 포함하여 정책결정 결과는 이유와 함께 공개한다.

⑧ 시설은 시설 이용 과정에서 발생하는 인권위험(risk)에 대해 신속하고 적절한 구제조치를 한다.

이용인이 고충이나 인권침해 문제를 자유롭게 제기하고, 인권침해에 대응하는 구제절차를 마련하여 이에 따라 적절한 구제조치를 한다. 이용인이 국가인권위원회 등 외부기관에 진정하고자 하는 경우 시설은 이용인에게 진정절차를 안내하고, 이용인의 요청이 있을 경우 충분한 편의를 제공한다.

(2) G2. 안전권 · 자유권 보장

<안전권 · 자유권 보장 지표>

항목	지표		답변 결과					근거
			예	보완 필요	아니요	정보 없음	해당 없음	
G2. 안전권 · 자유권 보장	①	시설은 이용인이 폭력과 학대로부터 안전할 수 있도록 보장한다.						
	②	시설은 이용인의 자유로운 이동과 접근을 보장한다.						
	③	시설은 이용인에게 쾌적하고 안전한 환경을 제공한다.						
	④	시설은 이용인의 개인정보가 외부로 유출되지 않도록 보안에 주의를 기울인다.						
	⑤	시설은 시설운영을 위한 모금활동에 이용인의 참여를 강요하지 않는다.						
	⑥	시설은 이용인에게 종교의 자유를 보장하고 존중한다.						
	⑦	시설은 이용인의 정치적 자유를 보장하며, 시설장 및 직원의 정치적 의견을 강요하지 않는다.						
소계								

① 시설은 이용인이 폭력과 학대로부터 안전할 수 있도록 보장한다.

시설은 이용인이 폭언, 폭행, 성희롱 및 성폭력, 모욕, 착취 등으로부터 안전할 수 있도록 보장하며 관련 규정이 있다. 폭언은 상대방에게 인격적 모욕감 또는 수치심을 일으키는 표현이나 욕설 등「대한민국헌법」제10조에서 보장하는 인격권을 침해하는 언행을 말한다. 폭행은 상대방의 신체에 대한 일체의 불법적인 유형력의 행사를 말한다. 성희롱은「국가인권위원회법」제2조 제3호라목,「남녀고용평등과 일 · 가정 양립 지원에 관한 법률」제2조 제2호 및「양성평등기본법」제3조 제2호에 따른 성희롱에 해당하는 행위를 포함하여 상대방에게 성적 굴욕감, 수치심 또는 혐오감을 일으키는 일체의 행위를 갈한다. 성폭력은「성폭력범죄의 처벌 등에 관한 특례법」에 따른 성폭력에 해당하는 행위를 말한다. 인권침해는 폭언, 폭행, 성희롱 및 성폭력, 모욕, 착취, 종교행위 강요를 포함하여 이용인의 권익을 침해하는 일체의 행위를 말한다.

② 시설은 이용인의 자유로운 이동과 접근을 보장한다.

시설은 이용인이 시설에서 불편함 없이 자유롭게 이동할 수 있도록 편의시설을 갖추고 환경을 주기적으로 점검하고 보완한다.

③ 시설은 이용인에게 쾌적하고 안전한 환경을 제공한다.

시설은 폭우, 화재 등의 재난에 대비한 소방시설을 갖추고 이용인의 연령, 장애 등을 고려한 환경을 구축하였다. 시설은 채광, 조명, 환기와 통풍, 청결 등이 정기적으로 점검되고, 관리된다.

④ 시설은 이용인의 개인정보가 외부로 유출되지 않도록 보안에 주의를 기울인다.

이용인의 동의 없이 사진을 촬영하거나 촬영한 사진을 SNS, 소식지 등에 사용하지 않는다. 사용에 동의한 경우에는 최소한의 노출만 이루어질 수 있도록 하며, 이용인이 중단을 요구하면 즉시 중단하고 관련 자료를 삭제한다.

⑤ 시설은 시설운영을 위한 모금활동에 이용인의 참여를 강요하지 않는다.

시설 모금활동을 위한 행사 참여, 동영상 촬영, 사진을 활용한 인쇄물 발간 등에 이용인의 참여를 강요하지 않는다. 후원자에 대한 감사편지 작성은 의무적으로 부과되거나 강제되지 않아야 한다.

⑥ 시설은 이용인에게 종교의 자유를 보장하고 존중한다.

시설은 시설 내부에 종교 관련 물품의 설치, 시설 내 종교행사의 실시, 헌금의 강요 등 종교를 강요하는 행위를 하지 않는다. 시설과 관련된 종교시설 등록이나 참여를 강요하지 않으며, 특정 종교시설 등록 여부를 이유로 이용인을 차별하지 않는다.

⑦ 시설은 이용인의 정치적 자유를 보장하며, 시설장 및 직원의 정치적 의견을 강요하지 않는다.

선거가 있을 경우 선거에 대한 정보와 투표방법을 안내하고, 노인이나 장애인 등 투표 참여를 위해 필요한 경우 이동을 지원한다.

(3) G3. 강제노동 금지

<강제노동 금지 지표>

항목		지표	답변 결과					근거
			예	보완 필요	아니요	정보 없음	해당 없음	
G3. 강제노동 금지	①	시설은 프로그램 및 교육, 후원을 이유로 부당한 노동에 이용인을 동원하지 않는다.						
	②	시설은 자원봉사 활동으로 노동이 금지된 연소자에게 시설 노동자의 업무를 시키지 않는다.						
	③	시설은 15세 미만 아동 및 중학교에 재학 중인 18세 미만을 고용하지 않는다(시간제 근로 포함).						
소계								

① 시설은 프로그램 및 교육, 후원을 이유로 부당한 노동에 이용인을 동원하지 않는다.

시설은 이용인에게 시설 노동자의 업무를 부과하지 않으며, 시설 수익사업을 위한 노동에 동원하지 않는다. 또한 공동체를 위한 활동, 직업교육, 훈련이라는 이유로 무임으로 노동을 강요해서는 안 되며, 법인 관계자, 시설장 및 직원의 사적인 업무에 이용인을 동원하지 않는다.

② 시설은 자원봉사 활동으로 노동이 금지된 연소자에게 시설 노

동자의 업무를 시키지 않는다.

시설은 자원봉사 활동을 취지와 목적에 맞게 운영한다. 특히 15세 미만 및 중학교에 재학중인 18세 미만 연소자를 대상으로 시설 노동자의 업무 부담을 경감하기 위한 목적의 자원봉사 활동을 운영하지 않는다.

③ 시설은 15세 미만 아동 및 중학교에 재학 중인 18세 미만을 고용하지 않는다(시간제 근로 포함).

시설은 본인의 의사와 관계없이 교육 및 취업 프로그램을 빙자하여 고용이 금지된 연소자를 고용하는 일이 없다. 시설 입소 및 서비스 이용 아동 중 노동이 금지된 연소자가 외부 업체에 고용된 경우에는 아동에 대한 보호 및 법적 조치를 취해야 한다.

(4) G영역 평가지표 근거

◆ **「시민적 및 정치적 권리에 관한 국제규약」 제18조**

1. 모든 사람은 사상, 양심 및 종교의 자유에 대한 권리를 가진다. 이러한 권리는 스스로 선택하는 종교나 신념을 가지거나 받아들일 자유와 단독으로 또는 다른 사람과 공동으로, 공적 또는 사적으로 예배, 의식, 행사 및 선교에 의하여 그의 종교나 신념을 표명하는 자유를 포함한다.
2. 어느 누구도 스스로 선택하는 종교나 신념을 가지거나 받아들일 자유를 침해하게 될 강제를 받지 아니한다.
3. 자신의 종교나 신념을 표명하는 자유는, 법률에 규정되고 공공의 안전, 질서, 공중보건, 도덕 또는 타인의 기본적 권리 및 자유를 보호하기 위하여

필요한 경우에만 제한받을 수 있다.

4. 이 규약의 당사국은 부모 또는 경우에 따라 법정 후견인이 그들의 신념에 따라 자녀의 종교적 · 도덕적 교육을 확보할 자유를 존중할 것을 약속한다.

◆ 「시민적 및 정치적 권리에 관한 국제규약」 제25조

모든 시민은 제2조에 규정하는 어떠한 차별이나 또는 불합리한 제한도 받지 아니하고 다음의 권리 및 기회를 가진다.

가. 직접 또는 자유로이 선출한 대표자를 통하여 정치에 참여하는 것

나. 보통, 평등 선거권에 따라 비밀투표에 의하여 행하여지고, 선거인의 의사의 자유로운 표명을 보장하는 진정한 정기적 선거에서 투표하거나 피선되는 것

◆ 「헌법」 제20조

모든 국민은 종교의 자유를 가진다.

◆ 「헌법」 제21조

④ 언론 · 출판은 타인의 명예나 권리 또는 공중도덕이나 사회윤리를 침해하여서는 아니 된다. 언론 · 출판이 타인의 명예나 권리를 침해한 때에는 피해자는 이에 대한 피해의 배상을 청구할 수 있다.

◆ 「헌법」 제24조

모든 국민은 법률이 정하는 바에 의하여 선거권을 가진다.

◆ 「기부금품의 모집 및 사용에 관한 법률」 제6조(기부금품 출연 강요의 금지 등)

① 모집자나 모집종사자는 다른 사람에게 기부금품을 낼 것을 강요하여서는 아니 된다.

◆ 「근로기준법」 제64조(최저 연령과 취직 인허증)

① 15세 미만인 사람(「초 · 중등교육법」에 따른 중학교에 재학 중인 18세 미만인 사람을 포함한다)은 근로자로 사용하지 못한다. 다만, 대통령령으로 정하는 기준에 따라 고용노동부장관이 발급한 취직인허증(就職認許證)을 지닌 사람은 근로자로 사용할 수 있다.

② 제1항의 취직인허증은 본인의 신청에 따라 의무교육에 지장이 없는 경우에는 직종(職種)을 지정하여서만 발행할 수 있다.

◆ 「사회보장기본법」 제34조(사회보장에 관한 설명)

국가와 지방자치단체는 사회보장 관계 법령에서 규정한 권리나 의무를 해당 국민에게 설명하도록 노력하여야 한다.

◆ 「아동복지법」 제15조(보호조치)

③ 시 · 도지사 또는 시장 · 군수 · 구청장은 제1항 제1호 및 제2호의 보호조치가 적합하지 아니한 보호대상아동에 대하여 제1항 제3호부터 제6호까지의 보호조치를 할 수 있다. 이 경우 제1항 제3호부터 제6호까지의 보호조치를 하기 전에 보호대상아동에 대한 상담, 건강검진, 심리검사 및 가정환경에 대한 조사를 실시하고, 보호대상아동에게 보호조치 과정과 목적, 예상기간 등 보건복지부령으로 정하는 사항을 충분히 이해할 수 있도록 설명하여야 한다.

◆ 「아동복지법」 제57조(아동복지시설의 장의 의무)

아동복지시설의 장은 보호아동의 권리를 최대한 보장하여야 하며, 친권자가 있는 경우 보호아동의 가정복귀를 위하여 적절한 상담과 지도를 병행하여야 한다.

◆ 「노인복지법」 제6조의3(인권교육)

① 제31조의 노인복지시설 중 대통령령으로 정하는 시설을 설치 · 운영하는 자와 그 종사자는 인권에 관한 교육을 받아야 한다.

◆ 「장애인복지법」 제57조(장애인복지시설의 이용 등)

② 국가와 지방자치단체는 제58조에 따른 장애인복지시설을 이용하는 장애인의 인권을 보호하기 위하여 필요한 정책을 마련하고 관련 프로그램을 실시할 수 있는 기반을 조성하여야 한다.

③ 장애인복지실시기관은 제58조에 따른 장애인복지시설에 대한 장애인의 선택권을 최대한 보장하여야 한다.

④ 장애인복지실시기관은 장애인의 선택권을 보장하기 위하여 제58조에 따른 장애인복지시설을 이용하려는 장애인에게 시설의 선택에 필요한 정보를 충분히 제공하여야 한다.

⑤ 제58조에 따른 장애인복지시설의 선택에 필요한 정보 제공과 서비스 제공 시에는 장애인의 성별 · 연령 및 장애의 유형과 정도를 고려하여야 한다.

◆ 「장애인복지법」 제60조의4(장애인 거주시설 운영자의 의무)

① 시설 운영자는 시설 이용인의 인권을 보호하고, 인권이 침해된 경우에는 즉각적인 회복조치를 취하여야 한다.

③ 시설 운영자는 시설 이용인의 사생활 및 자기결정권의 보장을 위하여 노력하여야 한다.

④ 시설 운영자는 시설 이용인의 인권을 보호하기 위하여 장애인 거주시설에 시설 이용 장애인 인권지킴이단을 두어야 한다.

◆ 「노숙인 등의 복지 및 자립지원에 관한 법률」 제20조(인권교육)

① 노숙인시설의 종사자는 노숙인 등에 대한 인권침해를 예방하기 위한 교육을 받아야 한다.

◆ 「장애인차별금지 및 권리구제 등에 관한 법률」 제4조(차별행위)

① 이 법에서 금지하는 차별이라 함은 다음 각 호의 어느 하나에 해당하는 경우를 말한다.

1. 장애인을 장애를 사유로 정당한 사유 없이 제한 · 배제 · 분리 · 거부 등에 의하여 불리하게 대하는 경우

2. 장애인에 대하여 형식상으로는 제한 · 배제 · 분리 · 거부 등에 의하여 불리하게 대하지 아니하지만 정당한 사유 없이 장애를 고려하지 아니하는 기준을 적용함으로써 장애인에게 불리한 결과를 초래하는 경우
3. 정당한 사유 없이 장애인에 대하여 정당한 편의 제공을 거부하는 경우
4. 정당한 사유 없이 장애인에 대한 제한 · 배제 · 분리 · 거부 등 불리한 대우를 표시 · 조장하는 광고를 직접 행하거나 그러한 광고를 허용 · 조장하는 경우. 이 경우 광고는 통상적으로 불리한 대우를 조장하는 광고효과가 있는 것으로 인정되는 행위를 포함한다.
5. 장애인을 돕기 위한 목적에서 장애인을 대리 · 동행하는 자(장애아동의 보호자 또는 후견인 그 밖에 장애인을 돕기 위한 자임이 통상적으로 인정되는 자를 포함한다. 이하 "장애인 관련자"라 한다)에 대하여 제1호부터 제4호까지의 행위를 하는 경우. 이 경우 장애인 관련자의 장애인에 대한 행위 또한 이 법에서 금지하는 차별행위 여부의 판단대상이 된다.
6. 보조견 또는 장애인보조기구 등의 정당한 사용을 방해하거나 보조견 및 장애인보조기구 등을 대상으로 제4호에 따라 금지된 행위를 하는 경우

◆ 「장애인차별금지 및 권리구제 등에 관한 법률」 제7조(자기결정권 및 선택권)

① 장애인은 자신의 생활 전반에 관하여 자신의 의사에 따라 스스로 선택하고 결정할 권리를 가진다.

② 장애인은 장애인 아닌 사람과 동등한 선택권을 보장받기 위하여 필요한 서비스와 정보를 제공 받을 권리를 가진다.

◆ 「한국사회복지사 윤리강령」 핵심 가치 1. 인간 존엄성

- 윤리적 원칙: 사회복지사는인간의 존엄성과 가치를 인정하고 존중한다.
- 사회복지사는 개인적 · 사회적 · 문화적 · 정치적 · 종교적 다양성을 고려하며 개인의 인권을 보호하고 존중한다.
- 사회복지사는 클라이언트의 자율성을 존중하고, 자기 결정을 지원한다.
- 사회복지사는 클라이언트가 역량을 강화하고, 자신과 환경을 변화시킬 수 있도록 지원한다.
- 사회복지사는 사회복지 실천 과정에서 클라이언트의 개입과 참여를 보장한다.

4. 주요사업 인권영향평가 체크리스트

1) 평가사업의 선정

주요사업 인권영향평가에서 주요사업이란 시설 입장에서 주요한 사업이 아닌 이해관계자에게 인권위험이 가장 큰 사업을 의미한다. 따라서 단순히 예산 규모나 참여자의 규모가 큰 사업을 평가하는 것은 아니다. 예를 들어, 사업의 규모가 작더라도 당해 연도에 새롭게 외부에서 예산을 지원받는 사업을 선정할 수 있다. 외부지원 사업의 경우 사업을 수행하는 노동자와 이용인이 지원 기관의 통제를 받기 쉽고, 더 많은 개인정보나 사진을 제공하는 등 다른 사업에 비해 더 많은 인권리스크가 존재할 수 있기 때문이다. 내부 지침/규정을 평가 대상으로 할 경우 복무규정이나 인사관리 규정과 같이 노동자 인권에 직접적인 영향을 미치는 규정을 선정할 수 있다. 시설의 구조와 환경에 대해 평가한다면 장애인, 노인, 아동, 이주민 등 취약 집단의 접근성을 평가할 수 있다. 이처럼 주요사업 인권영향평가의 대상은 각 시설의 유형, 이용인 및 지역사회의 특성, 노동조건, 시설 내부 · 외부의 인권이슈에 따라 다양하다. 또한 시설의 모든 사업에 대해 인권영향평가를 실시하기는 불가능하기 때문에 사회복지시설 중대성 평가 틀을 활용하여 우선순위를 정해 평가를 실시한다. 평가 대상으로 선정된 사업에 대해서는 선정 이유를 기술해야 한다.

2) 평가지표 개발과 적용

사회복지시설은 유형과 사업이 매우 다양해 주요사업 인권영향평가를 할 때 동일한 평가지표를 사용하기는 어려우므로 다음에 제시한 내용과 사례를 참조해 사업에 맞는 평가 기준이나 체크리스트를 개발하여 적용한다.

- 단일 지표를 구성할 수도 있으나 인권영향 중요도에 따라 여러 지표를 구성하여 평가할 수 있다.
- 평가지표를 선정할 때 평가팀이나 담당자를 포함해 인권경영위원회, 외부 전문가 등 다양한 주체의 참여를 통해 지표의 신뢰성과 공정성, 객관성을 확보한다.
- 체크리스트를 활용할 경우 일반적으로 기관운영 인권영향평가 체크리스트와 같이 '예' '보완 필요' '아니요' '정보 없음' '해당 없음' 등으로 답변 결과를 구성할 수 있고, 기관이나 사업에 따라 다양한 형태로 구성할 수 있다.
- 체크리스트의 지표는 인권위험(risk)을 함축적으로 나타내는 문장으로 표현하며, 쉽고 간결한 문장을 사용한다.
- 국내외 법률 등 규범과 관련된 지표는 해당 규범을 그대로 활용할 수 있다.
- 특정 인권위험에 대해 객관식 지표로 평가하기 어려운 경우 별도의 서술형 평가를 병행할 수 있다.
- 체크리스트 초안 작성을 완료한 후 기관 내부·외부의 의견을 수렴해 체크리스트를 확정한다.

사례 ① 시설물에 대한 장애인의 접근성 평가

장애인복지관이나 장애인거주시설 등에서 시설물에 대한 장애인의 접근성을 평가할 때 다음과 같이 체크리스트를 개발하여 활용할 수 있다. 필요한 경우 제시된 항목 외에 「장애인 · 노인 · 임산부 등의 편의증진 보장에 관한 법률」, 「장애물 없는 생활환경 인증심사기준 및 수수료기준 등」을 참조하여 지표를 추가한다. 정량적 지표 외에 장애인과 인터뷰를 통해 정성적 평가를 할 수 있으며, 이 내용은 서술 평가에 기록하고, 모든 평가 내용을 정리하여 종합 의견을 기술한다.

〈장애인복지시설의 접근성 평가〉

지표		답변 결과					근거
		예	보완 필요	아니요	정보 없음	해당 없음	
①	자유로운 이동과 접근을 위해 인적 · 물적 자원을 포함한 모든 자원이 제공된다.						
②	모든 출입구에 경사로가 설치되어 있다.						
③	건물 내부 · 외부의 출입구에는 이동을 방해하는 턱이 없다.						
④	점자 유도 블록이나 건물에 대한 점자 지도가 있다.						
⑤	시설 내의 각종 안내 표지판이 발달장애인이 이해할 수 있는 그림이나 쉬운 글로 표현되어 있다.						
⑥	외부와 연결된 출입문은 안과 밖 양쪽에서 모두 열고 닫을 수 있고, 장애인의 자유로운 통행이 가능하다.						

⑦	개인의 사적 공간, 보안이나 안전을 이유로 출입제한이 필요한 공간을 제외하고 기본적으로 시설 안의 모든 장소는 개방되어 있다.						
소계							╳

서술 평가

종합 의견

사례 2 안양시 만안종합사회복지관 사업 인권영향평가 체크리스트

안양시 만안종합사회복지관은 세부 사업에 대한 인권영향평가 체크리스트를 개발하여 적용하고 있다. 사업 인권영향평가는 사전에 인권위험요인을 제거하기 위한 목적으로 사업계획 수립 단계에서 실시하고 있으며, 체크리스트는 이용주민과 직원 및 이해관계자의 인권 보호와 환경권 실천 영역으로 구성되었다.

만안종합사회복지관 사업 인권영향평가 체크리스트

항목		검토 내용	
이용 주민	참여	**사업 참여** 합리적인 이유 없이 이용주민의 연령, 성별, 장애, 학력, 종교 등을 이유로 사업 참여를 제한하지 않는다.	□ 예 □ 해당 없음
		사업 참여자 모집 안내 사업 참여자 모집 안내가 특정인의 참여를 유도하거나 배제하는 방식으로 제공되지 않는다.	□ 예 □ 해당 없음
		자유로운 의견 개진 사업 운영에 대해 이용주민이 자유롭게 의견을 개진할 수 있다(사업 운영에 대해 의견 개진 가능함을 사전 안내).	□ 예 □ 해당 없음
		주민 의견 반영 사업 평가에 이용주민의 의견이 반영되도록 계획되어 있다.	□ 예 □ 해당 없음
	자기 결정권	**사업 참여 및 중단 결정** 사업 참여/참여 중단 여부를 이용주민 스스로 결정한다(법적 대리인의 동의가 필요한 경우 당사자 의사를 확인).	□ 예 □ 해당 없음

	사생활 및 개인 정보 보호	**주민의 초상권 보호** 이용주민의 동의 없이 사진을 촬영하거나 활용하지 않으며, 사진 촬영 및 활용에 대한 동의절차가 마련되어 있다.	□ 예 □ 해당 없음
		주민의 개인정보 보호 이용주민의 개인 정보는 사업 운영에 필요한 최소한의 정보만 수집하고, 「개인정보보호법」 및 기관 운영규정에 따라 처리한다.	□ 예 □ 해당 없음
직원 및 이해 관계자	노동	**근무 외 시간 보상 마련** 사업이 정규 근무 시간이 아닌 야간이나 주말에 운영될 경우 담당직원에 대해 법적 기준에 맞는 보상이 사전에 계획되어 있다.	□ 예 □ 해당 없음
	안전	**위험요소 사전 점검** 사업이 담당직원 및 이해관계자(자원봉사자, 사회복무요원, 실습생 등의 지원인력)의 신체적 · 정서적 위험요소가 있는지 사전에 점검한다.	□ 예 □ 해당 없음
	사생활 및 개인 정보 보호	**이해관계자의 초상권 보호** 이해관계자의 동의 없이 사진을 촬영하거나 활용하지 않으며, 사진 촬영 및 활용에 대한 동의절차가 마련되어 있다.	□ 예 □ 해당 없음
		이해관계자의 개인정보 보호 이해관계자의 개인정보가 동의 없이 이용주민 및 협력기관 등에 제공되지 않는다.	□ 예 □ 해당 없음
환경권	환경 보호	**일회용품 활용 자제** 부득이한 경우를 제외하고 일회용품을 사용하지 않는다.	□ 예 □ 해당 없음
		친환경적인 홍보 방식 활용 현수막 등의 소모성 홍보물 제작을 최소화하고, 필요시 재활용이 가능한 방식으로 제작한다.	□ 예 □ 해당 없음

부록

1. 만안종합사회복지관 인권경영 세부지침(제정 2024. 01. 01.)
2. 종합평가표
3. A영역: 인권경영 체계 구축
4. B영역: 노동자 비차별 및 인권보장
5. C영역: 노동3권 및 노동자 참여 보장
6. D영역: 산업안전보장
7. E영역: 책임 있는 협력관계 구축
8. F영역: 환경권 보장
9. G영역: 이용인 인권보장

1. 만안종합사회복지관 인권경영 세부지침 (제정 2024. 01. 01.)

제1장 총칙

제1조(목적) 이 지침은 안양시만안종합사회복지관(이하 "복지관"이라 한다)의 인권규정에 따라 복지관을 이용하는 모든 이용인과 직원, 이해관계자의 인권보호와 증진에 관한 계획의 수립 및 그 밖에 필요한 사항을 정함을 목적으로 한다.

제2조(정의) 이 지침에서 사용하는 용어의 뜻은 다음 각 호와 같다.

1. "인권경영"이란 복지관에 의한 인권침해 발생을 예방하고 인권친화적인 경영활동을 수행하는 것으로서, 복지관이 인권정책 선언을 하고 인권실천 · 점검의무(Human Rights Due Diligence)를 이행하며, 인권침해 피해자에 대한 구제절차를 제공하는 것을 말한다.
2. "기관운영 인권영향평가"라 함은 복지관의 활동 전반을 대상으로 실시하는 평가로서 인권경영체제, 고용, 노동권, 산업안전, 공급망, 현지 주민 등 포괄적인 분야를 대상으로 하는 평가를 말한다.
3. "사업운영 인권영향평가"라 함은 복지관이 추진하는 특정 사업을 대상으로 실시하는 평가로서 해당 사업이 인권에 미치는 부정적 영향을 사전에 파악하고 분석하여 이를 예방하거나 최소화하기 위한 평가를 말한다.
4. "이해관계자"라 함은 이용인과 관련된 이용인의 법정대리인, 활동지원인, 생활지원사, 요양보호사, 복지관 운영과 관련된 외

부위원 및 강사, 자원봉사자, 사회복무요원, 사회복지실습생 등을 말한다.

5. "협력기관"이라 함은 병설기관, 민 · 관 연계기관 등을 말한다.

제3조(적용범위) 복지관에서 이루어지는 인권보장에 관한 사항은 다른 법령 또는 법인 정관, 복지관 운영규정 등에 특별한 규정이 있는 경우를 제외하고는 본 지침을 따른다. 적용범위는 복지관의 이용인, 직원과 이해관계자를 대상으로 한다.

제2장 인권경영 일반원칙

제4조(기본원칙) 복지관은 모든 활동에서 세계인권선언을 비롯한 인권 관련 국제 기준 및 헌법과 법률, 각종 규범을 지지하고 준수한다.

제5조(인권경영 체계 구축) 복지관은 인권, 노동, 반부패, 환경보호의 가치가 조직 내 관행과 문화로 정착될 수 있도록 인권실천 및 점검의무를 포함한 인권경영 체계를 구축한다.

제6조(차별금지) ① 복지관은 성별, 연령, 인종, 장애, 종교, 학력, 신체적 조건, 출신 국가, 출신 지역, 정치적 견해, 성적 지향, 고용 형태 등을 포함하여 관계 법령에서 정한 불합리한 차별을 금지하고 다양성을 존중한다.

② 복지관은 사회적 약자 · 소수자의 권리를 보호한다.

③ 복지관은 본 조 제1항의 차별금지 사유를 이유로 노동자의 고용, 승진, 교육 등에서 우대 · 배제 · 구별하거나 불리하게 대우하지 않는다.

제7조(결사 및 단체교섭의 자유보장) ① 복지관은 국제노동기구가(ILO)가 지향하는 '노동기본권'을 존중하여 노동자가 자유롭게 노동조합을 결성하는 것을 보장하며 노동조합에의 가입이나 활동 및 노동권익

향상을 위해 정당한 활동을 이유로 불이익을 주지 않는다.

② 복지관은 단체교섭할 권리를 보장한다.

③ 복지관은 노동조합 활동 수행에 필요한 정보와 자원을 제공한다.

제8조(강제노동 및 아동노동 금지) 복지관은 아동노동, 강제노동을 허용하지 않으며 보건, 안전, 근무시간 등과 관련하여 국제노동기구(ILO)의 권고 등 국내외 노동관련 규범을 준수한다.

제9조(산업안전보장) ① 복지관은 노동자에게 건강하고 안전한 노동환경을 제공하며, 산업안전 및 노동안전보건, 직장 내 괴롭힘 예방, 감정노동자 보호 등 신체적·정신적 건강권을 보장한다.

② 복지관은 복지관 관련 업무 수행 중 발생한 사고나 질병에 대해서 「산업안전보건법」 등 관련법과 안양시 조례에 따라 신속한 조치를 취해야 한다.

③ 복지관은 규정된 사업을 진행함에 있어 모든 이해관계자의 안전을 보장하는 제도와 환경을 조성한다.

제10조(책임 있는 공급망 관리) ① 복지관은 모든 협력기관 및 업체에 평등한 기회를 보장하며, 투명하고 공정한 거래를 한다.

② 복지관은 사업 활동이 일어나는 지역에서 협력기관 및 업체를 포함하여 인권침해가 발생하지 않도록 유의한다.

③ 복지관은 협력기관 및 다양한 이해관계자에게 복지관의 인권경영 정책을 알리고, 협력기관이 인권경영을 실천할 수 있도록 협력하고 지원한다.

제11조(이용인 인권 보호) 복지관은 복지관을 이용하는 모든 이용인의 인권이 침해되지 않도록 유의한다.

제12조(환경권 보장) 복지관은 국내외 환경 관련 법규를 준수하고, 환경보호와 지속가능한 자원의 활용을 위해 노력한다.

환경권 보장 계획 수립 및 시행: 정책 공유 및 협력, 직원교육 등

기후재난 대응: 주민교육(조직화), 기후재난 대응 매뉴얼 제작, 대응훈련 등

제13조(정보인권 보호) ① 복지관은 모든 이해관계자의 안전과 사생활이 침해되지 않도록 「개인정보 보호법」 등 관련 법률에 따라 취득한 모든 개인정보를 보호한다.

② 복지관은 장애인 등 취약계층을 포함한 모든 이해관계자가 복지관 이용에 필요한 정보를 요청하고 적절히 제공받을 수 있도록 정보 접근권을 보장한다.

제14조(일 · 생활 균형 지원) 복지관은 모든 임직원의 모성 · 부성 보호 및 일 · 생활 균형을 위해 노력한다.

제15조(우호적 노동환경 조성) 복지관은 업무와 관련하여 발생하는 성희롱과 괴롭힘을 포함한 모든 인권침해 행위를 적극적으로 예방하고 대응하며, 우호적 노동환경 조성을 위해 노력한다.

제16조(인권 기반 사회복지실천 환경 조성) 복지관은 사업(프로그램)을 수행함에 있어 사업 참여자 및 사업 결과의 영향을 받는 모든 이용인들의 인권을 침해하지 않도록 각별히 유의하며, 모든 사업 참여자는 '안양시만안종합사회복지관 윤리강령'을 준수한다.

제17조(예방 및 구제조치) 복지관은 사업 활동에서 발생할 수 있는 부정적 인권영향을 미리 파악하고, 인권침해를 사전에 예방하며, 필요시 신속하고 적극적인 구제를 제공한다.

연간 사업계획서 작성 시 '사업용 사전 인권영향평가'를 포함하여 보고한다.

제3장 인권경영 체계

제18조(인권경영 선언문) 복지관은 모든 경영활동에서 인간의 존엄과 사

회적 가치를 실현하기 위하여 인권경영 선언문을 선포하며, 임직원은 선언문을 인권경영의 행동규범 및 가치판단 기준으로 삼고 실천한다.

제19조(기본계획의 수립) ① 복지관은 인권경영을 효과적으로 추진하기 위하여 다음 각 호의 사항을 포함한 정기적인 계획을 수립하고 이를 추진한다.

1. 인권경영의 목표 및 기본 방향
2. 인권경영 추진 과제 및 실행 전략
3. 인권실태조사와 인권영향평가를 포함한 인권실천 · 점검의무에 관한 사항
4. 그 밖에 인권보호와 증진을 위하여 필요한 사항

② 복지관은 제1항에 따른 계획 수립 시 이해관계자의 의견을 수렴하여 계획에 반영한다.

제20조(인권경영 주관부서) ① 복지관은 인권경영을 효율적으로 총괄 및 집행하기 위해 인권경영을 전담하는 주관부서(이하 "주관부서"라 한다)를 두고, 주관부서의 장에게 인권경영 관련 업무를 총괄하도록 한다.

② 인권경영 주관부서의 업무는 다음 각 호와 같다.

1. 인권경영 기본계획 수립 및 시행에 관한 사항
2. 인권교육의 시행에 관한 사항
3. 인권영향평가의 시행에 관한 사항
4. 인권침해 사건에 대한 상담, 신고 접수 및 조사
5. 인권침해 사건에 대한 구제위원회 운영
6. 인권경영위원회 운영
7. 그 밖에 인권경영위원회 위원장(이하 "위원장"이라 한다) 또는 안양시 만안종합사회복지관 관장(이하 "관장"이라 한다)이 필요하

다고 인정하는 사항

③ 관장은 주관부서에 인권경영 업무 수행에 필요한 행정적 지원을 할 수 있다.

④ 인권경영 업무를 전문적으로 수행하기 위해 인권경영 주관부서에 '인권전문관' 1인을 둔다.

제21조(인권교육) ① 주관부서는 모든 임직원을 대상으로 연 1회 이상의 인권 관련 교육을 실시하며, 모든 임직원이 일정 시간 이상의 인권교육을 이수하도록 독려한다.

② 복지관은 인권존중 문화 확산을 위하여 필요한 경우 협력기관 등 이해관계자를 대상으로 하는 인권교육을 실시할 수 있다.

③ 제1항 및 제2항의 인권교육은 복지관의 연간 교육일정과 시기를 고려하여 온라인 교육, 집합 교육 등 적절한 방법으로 실시할 수 있다.

제22조(이해관계자 인권존중 책무 이행) ① 복지관은 협력기관이 인권경영을 실천할 수 있도록 요구하고 필요한 경우 지원을 제공할 수 있다.

제23조(인권경영 정보 공개) ① 복지관은 인권경영 이행에 대한 연례 보고서를 발간할 수 있다.

② 복지관은 인권경영 보고서 등 인권경영에 관한 정보를 복지관 홈페이지 등을 통해 정기적으로 공개한다.

제4장 인권경영위원회

제24조(설치 및 기능) ① 복지관은 인권경영의 효율적 추진을 위해 인권경영위원회(이하 "위원회"라 한다)를 둔다.

② 위원회는 임직원을 포함한 이해관계자의 인권 보호 및 증진을

위하여 다음 각 호의 사항을 심의, 의결한다.

1. 인권경영 기본계획의 수립에 관한 사항
2. 인권침해 구제절차 운영 내역 등 인권경영 관련 제도 및 정책에 관한 사항
3. 인권경영 주관부서 업무에 관한 사항
4. 인권영향평가를 포함한 인권실천 및 점검의무에 관한 사항
5. 인권침해구제 및 인권침해심의에 관한 사항
6. 그 밖에 위원장 또는 관장이 인권의 보호 및 증진 또는 위원회의 운영을 위하여 심의가 필요하다고 인정하는 사항

제25조(구성) ① 위원회는 내부위원 4인, 외부위원 5인을 포함하여 9명으로 구성하되, 외부인원의 경우 특정 성별이 60%를 초과하지 않도록 한다.

② 외부위원은 노측대표 추천 3인, 인권경영 주관부서장 추천 2인으로 관장이 위촉하는 사람으로 구성하되, 노측대표 추천은 관·부장·인권경영 주관부서장을 제외한 전 직원의 2/3 이상이 참석한 직원회의에서 참여자의 과반수의 동의로 위촉하여 구성하고, 위원장은 외부위원 중 호선한다.

③ 내부위원은 관장, 부장 및 노측 대표 2인(근로자대표, 상조회장)을 당연직으로 하며, 추천직 내부위원은 복지관 직원 가운데 직군·직급·성별·연령·고용형태 등에 따른 대표성이 다양하게 반영될 수 있도록 구성한다.

④ 외부위원은 인권 관련 지식과 경험이 풍부한 자로서 다음 각 호의 어느 하나에 해당하는 사람으로 구성한다.

1. 인권단체 활동가 등 인권 감수성과 전문성을 지닌 인권전문가
2. 인권 관련 분야의 연구자, 변호사, 노무사 등
3. 사회적 약자·소수자를 대표할 수 있는 사람

4. 복지관이 제공하는 서비스를 이용한 경험이 있는 사람

⑤ 위원의 임기는 2년으로 하되 연임할 수 있으며, 당연직 위원의 임기는 해당 직위 재임기간으로 한다.

⑥ 위원회의 사무를 처리할 간사 1명을 두되, 간사는 주관부서 담당자가 맡는다.

제26조(소집 및 회의) ① 위원회의 회의는 정기회의와 임시회의로 구분한다.

② 위원장은 매년 1회 정기회의를 소집하며, 위원장이나 관장이 필요하다고 인정할 경우 또는 재적위원 3분의 1 이상의 요구가 있을 때 임시회의를 소집한다.

③ 위원회 회의는 재적위원 과반수 출석으로 개회하고, 출석위원 과반수 찬성으로 의결한다. 단, 가부 동수인 경우에는 위원장이 결정권을 갖는다.

④ 위원장은 회의안건의 내용이 경미하거나 긴급을 요하는 사항에 대하여는 서면으로 의결할 수 있다. 이 경우 재적위원 과반수의 찬성으로 의결한다.

⑤ 위원회 회의에 참석한 위원에게는 예산의 범위 내에서 참석수당을 지급할 수 있다. 다만 내부위원에게는 그러하지 아니한다.

⑥ 위원장이 부득이한 사유로 직무를 수행할 수 없는 경우, 위원장이 사전에 지명한 자가 그 직무를 대행한다.

제27조(의견청취 및 자료제출) ① 위원회는 필요한 경우 회의안건의 당사자 또는 관련자를 출석하게 하여 의견을 청취할 수 있다.

② 위원회는 필요한 경우 관련 부서 등 이해관계자에게 회의 안건과 관련한 자료제출을 요구할 수 있다.

제28조(이익 충돌 회피) 위원회는 특정 안건과 이해관계 당사자인 위원을 해당 안건논의 및 의결에서 배제해야 한다.

제29조(비밀누설 금지) 위원회의 회의에 참석한 의원 및 관련자는 위원회와 관련하여 알게 된 비밀을 누설해서는 아니 된다.

제30조(위원의 위촉 해지) 복지관은 위원이 다음 각 호의 어느 하나에 해당하는 때에는 임기만료 전이라도 해당위원을 해촉할 수 있다.

1. 임무를 성실히 수행하지 아니한 때
2. 직무상 알게 된 비밀을 누설한 때
3. 질병 등의 사유로 직무를 수행하기 어려운 때
4. 인권침해 행위를 가한 경우
5. 외부위원이 선임 당시의 직위에서 변동사항이 발생하였을 때
6. 그 밖의 품위 손상 등으로 직무 수행이 적합하지 않다고 판단되는 때

제5장 인권영향평가 실시

제31조(인권영향평가 실시) ① 복지관은 연 1회 이상 기관운영 인권영향평가 및 주요 사업 중 한 가지 이상에 대한 사업운영 인권영향평가를 실시한다.

② 위원회는 관장이 제정 · 입안하려고 하는 규정 · 정책 등이 임직원을 포함한 이해관계자의 인권 등에 중대한 영향을 미친다고 판단할 때에는 관장에게 인권영향평가 실시를 요구할 수 있다.

③ 인권경영 주관부서는 인권영향평가를 주관하며, 관련 자료를 각 부서에 요구할 수 있다.

④ 인권영향평가를 외부 전문기관에 위탁하여 시행할 수 있다.

⑤ 인권영향평가 결과는 위원회의 심의를 거쳐 관장에게 제출한다.

⑥ 인권영향평가에 대한 세부절차와 방법은 사안에 따라 별도 계

획을 수립하여 실시한다.

⑦ 인권경영 주관부서는 인권영향평가 결과를 관련 부서에 전달하고, 각 부서의 방지조치 계획을 포함하여 차년도 인권경영 이행계획을 수립 · 시행한다.

제6장 인권침해 구제

제32조(인권침해 구제절차) ① 복지관의 업무와 관련하여 인권을 침해당했거나 타인이 침해당한 사실을 알게 된 경우 복지관 임직원 및 이해관계자를 포함한 누구나 인권경영 주관부서에 신고할 수 있다.

② 인권침해에 해당하는 사안의 구제에 대한 세부절차와 방법은 본 지침에 따르되, 성희롱 및 직장 내 괴롭힘에 대한 세부절차와 방법은 「만안종합사회복지관 고충처리위원회 세부지침」을 적용하고, 유형이 중첩된 인권침해 피해 구제 과정에서 개별 지침 간 내용이 충돌하는 경우 인권경영위원회의 의결을 통해 구제절차 및 방법을 정하여 시행한다.

③ 위 2항에도 불구하고 인권침해 행위자가 관장인 경우 피해자 및 신고인의 의견을 참조하여 인권경영 주관부서의 독립적 판단에 따라 관장 보고 절차를 생략하고 경기도인권센터 또는 국가인권위원회 등 외부 인권 전문기관에 구제절차를 연계할 수 있다.

④ 신고된 인권침해행위가 복지관의 소관사항이 아니거나 복지관의 경영활동과 연관이 없다고 판단되는 경우 인권경영 주관부서의 장은 관계기관(국가인권위원회 등)에 해당 사항을 이관할 수 있다.

⑤ 인권경영 주관부서의 장은 인권침해행위로 신고받은 사건에 대하여 지체 없이 접수하고 인권침해 여부에 대해 접수일로부터 30일 이내에 조사 완료하여 원장에게 보고하여야 한다. 다만, 특

별한 사정이 있는 경우 10일의 범위 안에서 조사기간을 연장할 수 있다.

제33조(인권침해 관련 상담) ① 복지관 업무와 관련한 인권침해에 대해서 상담을 원하는 복지관 임직원 및 이해관계자는 누구든지 인권경영 담당부서장에게 상담을 신청할 수 있다.

② 복지관 임직원은 직무를 수행하면서 인권경영 지침 위반 여부가 분명하지 아니할 때에는 인권경영 담당부서장 또는 인권전문관과 상담한 후 처리할 수 있다.

③ 필요 시 인권침해 관련 상담 신청 및 진행은 익명으로 할 수 있으며, 상담의 내용 및 상담자의 정보는 비밀유지를 원칙으로 한다.

④ 관장은 제1항 및 제2항에 따른 상담이 원활하게 이루어질 수 있도록 독립된 상담실 이용, 익명이 보장되는 온라인 상담창구 운영 등 필요한 조치를 취할 수 있다.

제34조(인권침해 신고 각하) 제32조 제2항에도 불구하고 다음 각 호의 어느 하나에 해당하는 경우 인권침해 신고를 각하한다.

1. 신고의 내용이 명백히 거짓이거나 이유가 없다고 인정되는 경우
2. 피해자가 아닌 사람이 한 신고에서 피해자가 조사를 원하지 아니하는 것이 명백한 경우
3. 신고의 원인이 된 사실이 발생한 날부터 5년 이상 지나 신고한 경우. 다만 신고의 원인이 된 사실에 관하여 공소시효 또는 민사상 시효가 완성되지 아니한 사건으로서 위원회가 조사하기로 결정한 경우에는 그러하지 아니한다.
4. 신고가 제기될 당시 신고의 원인이 된 사실에 관하여 법원 또는 헌법재판소의 재판, 수사기관의 수사 또는 그 밖의 법률에 따른 권리구제 절차가 진행 중이거나 종결된 경우. 다만 위원회가 조사하기로 결정한 경우 및 수사기관이 인지하여 수사 중인 「형

법」 제123조부터 제125조까지의 죄에 해당하는 사건과 같은 사안에 대하여 신고가 접수된 경우에는 그러하지 아니한다.

5. 사건의 당사자 정보 및 내용이 불분명하거나 조사를 위한 사실관계 확인이 불가능한 경우
6. 신고가 위원회가 조사하는 것이 적절하지 아니하다고 인정되는 경우
7. 신고인이 신고를 취하한 경우
8. 위원회가 접수를 취소한 사건을 같은 사실에 대하여 다시 신고한 경우
9. 신고의 취지가 그 신고의 원인이 된 사실에 관한 법원의 확정판결이나 헌법재판소의 결정에 반하는 경우

제35조(조사) ① 인권경영 주관부서는 다음 각 호에서 정한 방법으로 접수된 사건에 관하여 조사할 수 있다.

1. 신고인 · 피해자 · 피신고인(이하 "당사자"라 한다) 또는 관계인에 대한 출석 요구, 진술 청취 또는 진술서 제출 요구
2. 당사자, 관계인 또는 관계 기관 등에 대하여 조사 사항과 관련이 있다고 인정되는 자료 등의 제출 요구
3. 조사 사항과 관련이 있다고 인정되는 장소, 시설 또는 자료 등에 대한 현장조사 또는 감정(鑑定)
4. 당사자, 관계인 또는 관계 기관 등에 대하여 조사 사항과 관련이 있다고 인정되는 사실 또는 정보의 조회

② 인권경영 주관부서는 조사를 위하여 필요하다고 인정하면 일정한 장소 또는 시설을 방문하여 장소, 시설 또는 자료 등에 대하여 현장조사 또는 감정을 할 수 있다. 이 경우 인권경영 주관부서는 그 장소 또는 시설을 관리하는 장 또는 직원에게 필요한 자료나 물건의 제출을 요구할 수 있고, 그 장소 또는 시설에 당사자나 관계

인의 출석을 요구하여 진술을 들을 수 있다.

③ 제1항 제1호에 따라 진술서 제출을 요구받은 사람은 7일 이내에 진술서를 제출하여야 한다.

제36조(신고인 및 피해자 보호) ① 인권경영 주관부서의 업무를 수행하는 사람 및 그와 관련한 업무를 수행하는 사람 등 인권침해 사건에 대해 직무상 알게 된 직원은 사안의 조사 및 처리를 위해 필요한 경우를 제외하고는 신고인, 피신고인, 참고인 등 사건관계인의 신원 및 신고, 진술 내용에 대하여 비밀을 누설하여서는 아니 된다.

② 관장은 신고인, 피해자, 참고인 등이 신고 및 조사 협조에 따른 불이익을 받지 아니하도록 필요한 보호조치를 취하여야 한다. 다만, 신고 내용이 피신고인을 음해하거나 무고가 명백한 경우에는 그러하지 아니한다.

③ 인권침해 사건 신고인 또는 피해자의 신원이 본인의 의사에 반하여 공개됨에 따라 추가적인 피해가 발생한 때에는 복지관은 그 경위를 조사하여야 하며, 조사 결과 신원공개에 책임이 있는 자에 대하여 징계 등 필요한 조치를 취하여야 한다.

제37조(인권침해구제위원회 설치) ① 복지관의 인권침해구제위원회(이하 "구제위원회"라 한다.)는 인권경영위원회가 역할을 담당하며, 위원장은 인권경영위원회 위원장으로 한다.

제38조(인권침해구제위원회 회의) ① 구제위원회의 회의는 필요에 따라 구제위원장이 소집한다.

② 사건 당사자는 특정 구제위원이 심의 · 의결의 공정성을 기대하기 어려운 사정이 있는 경우 구제위원회에 해당 구제위원의 기피를 신청할 수 있고, 구제위원장은 기피 신청을 받으면 기피 여부에 대한 결정을 한다.

이 경우 기피 신청의 대상이 된 구제위원에게서 그에 대한 의견을 받을 수 있다.

③ 구제위원장 및 구제위원은 자기와 직접 이해관계가 있는 안건 심의에는 참석할 수 없다. 구제위원 본인도 직·간접적으로 이해관계가 있는 안건의 심의에 대해 회피할 수 있다.

④ 구제위원회는 다음 각 호에 관하여 심의한다.

1. 인권침해 사건에 대한 판단
2. 피해자에 대한 보호 및 2차 피해 방지 조치
3. 사건의 재발방지를 위한 필요 조치
4. 그 밖에 인권침해와 관련된 중요한 사항으로서 구제위원장이 회의에 상정하는 사항

⑤ 구제위원회의 회의는 재적위원 과반수 출석으로 개회하고, 출석위원 과반수 찬성으로 의결한다.

⑥ 구제위원회 심의 안건에 대한 이해를 돕기 위해 필요한 경우 인권담당관 및 고충처리위원이 회의에 참석할 수 있다.

⑦ 회의는 비공개로 하며, 회의 의결사항은 서면으로 작성하여 구제위원장과 출석위원이 기명날인하여야 한다.

제39조(구제 결과) ① 구제위원회는 구제 결과 접수 사건의 내용이 다음 각 호의 어느 하나에 해당하는 경우에는 해당 사건을 기각한다.

1. 접수된 내용이 사실이 아님이 명백하거나 사실이라고 인정할 만한 객관적인 증거가 없는 경우
2. 조사 결과 제32조 제1항에 따른 인권침해에 해당하지 아니하는 경우
3. 이미 피해 회복이 이루어지는 등 별도의 구제 조치가 필요하지 아니하다고 인정되는 경우

② 구제위원회는 구제 결과 인권침해에 해당한다고 판단할 때에는 행위자 처분 및 피해자 보호, 인권침해 재발 방지를 위한 조치에

대해 관장에게 권고한다.

③ 구제위원장은 구제 결과를 관장에게 보고하여야 한다.

④ 관장은 사건 당사자에게 서면으로 사건 조사결과 및 구제위원회의 심의결과 등을 30일 이내 통지하여야 한다.

제40조(시정과 조치) ① 복지관은 인권침해 행위 및 지침 위반 사항에 대하여 시정하고 재발방지 대책을 수립 · 시행한다.

② 관장은 고의 또는 과실로 인권침해 행위를 한 임직원에 대하여는 징계 등 인사조치 및 재발방지 교육 등 필요한 조치를 하여야 한다.

1. 재발방지 교육: 노동인권, 직장 내 괴롭힘 방지, 성희롱예방교육 등 이수 등
2. 인사조치: 피해자 분리, 가해자를 직무에서 배제(징계 및 부서이동 등) 등
3. 회복조치: 원상회복 · 손해배상 그 밖의 필요한 조치, 심신 회복을 위한 병가 및 치료비 지원 등

③ 관장은 인권침해의 재발방지를 위하여 필요하다고 인정되는 경우 피해자가 동의하는 경우에 한하여 피해자 및 피신고인이 식별되지 않는 범위에서의 공개를 원칙으로 사건 처리 결과를 복지관 내부에 공개하고 인권침해 재발방지를 위한 직원들의 협조를 요청할 수 있다.

제7장 보칙

제41조(기타) 이 지침에서 정하지 아니한 사항은 관련 법령 및 복지관 규정에서 정하는 바를 따른다.

부칙

이 지침은 관장의 승인을 얻은 날로부터 시행한다.

2. 종합평가표

	분야	평가 지표	답변 결과				
			예	보완 필요	아니요	정보 없음	해당 없음
A	인권경영 체계 구축						
B	노동자 비차별 및 인권보장						
C	노동3권 및 노동자 참여 보장						
D	산업안전보장						
E	책임 있는 협력관계 구축						
F	환경권 보장						
G	이용인 인권보장						
합계							

3. A영역: 인권경영 체계 구축

항목		지표	답변 결과					근거
			예	보완 필요	아니요	정보 없음	해당 없음	
A1. 인권경영 제도화	①	시설은 인권경영 제도화를 위한 조치를 이행하였다.						
	②	시설은 인권존중의 책무 준수에 관한 인권정책선언을 했다.						
	③	인권정책선언은 시설의 최고위(시설장) 수준에서 표명되었으며, 운영법인 및 모든 직원과 이해관계자에게 전달되었다.						
	④	인권정책선언은 정기적으로 재검토되고 개선된다.						
	⑤	인권영향평가와 구제절차는 국내법뿐만 아니라 국제 인권규범을 준거로 한다.						
	⑥	시설은 인권영향평가를 연 1회 이상 정기적으로 실시한다.						
	⑦	산하시설, 다른 복지시설 및 단체와의 협력사업도 인권영향평가 범위에 포함한다.						
	⑧	시설은 인권경영 성과를 정량적 지표 또는 정성적 평가를 통해서 확인한다.						
	⑨	인권경영 성과는 정기적으로 보고하고, 공개한다.						
소계								

항목	지표		답변 결과					근거
			예	보완 필요	아니요	정보 없음	해당 없음	
A2. 구제절차 마련	①	구제절차는 접근과 이용이 용이하다.						
	②	시설의 활동으로 인해 인권에 부정적인 영향을 받은 사람에 대해 구제절차를 제공한다.						
	③	피해자에게 구제와 관련된 자세한 정보를 제공하여 구제절차를 선택할 수 있도록 한다.						
	④	구제절차의 결과를 관련 이해관계자에게 신속하게 제공한다.						
	⑤	구제절차는 개별적인 문제 해결뿐만 아니라 근본적 원인을 개선하고 회복하는 과정을 포함한다.						
	⑥	운영법인이나 지자체 등 외부인에 의한 인권침해에 대응하는 절차가 시설에 마련되어 있다.						
소계								

<table>
<tr><th rowspan="2">항목</th><th rowspan="2" colspan="2">지표</th><th colspan="5">답변 결과</th><th rowspan="2">근거</th></tr>
<tr><th>예</th><th>보완 필요</th><th>아니요</th><th>정보 없음</th><th>해당 없음</th></tr>
<tr><td rowspan="4">A3. 인권보호 및 실현</td><td>①</td><td>시설은 인권보호와 증진을 위한 활동에 참여한다.</td><td></td><td></td><td></td><td></td><td></td><td></td></tr>
<tr><td>②</td><td>시설은 시설의 사업 성과 및 시설 이용에 필요한 정보를 공개한다.</td><td></td><td></td><td></td><td></td><td></td><td></td></tr>
<tr><td>③</td><td>시설은 직원, 이용인, 자원봉사자 등의 이해관계자들의 인권의식을 증진시키기 위해 정기적으로 인권교육을 실시한다.</td><td></td><td></td><td></td><td></td><td></td><td></td></tr>
<tr><td>④</td><td>시설은 타인의 지식재산권을 존중하며 이를 보장하기 위한 조치를 취한다.</td><td></td><td></td><td></td><td></td><td></td><td></td></tr>
<tr><td colspan="3">소계</td><td></td><td></td><td></td><td></td><td></td><td></td></tr>
<tr><td colspan="3">합계</td><td></td><td></td><td></td><td></td><td></td><td></td></tr>
</table>

4. B영역: 노동자 비차별 및 인권보장

항목	지표		답변 결과					근거
			예	보완 필요	아니요	정보 없음	해당 없음	
B1. 고용상 비차별	①	시설은 합리적 이유 없이 성별, 종교, 장애, 나이, 사회적 신분, 출신지역, 용모, 인종 등 신체조건, 혼인 여부, 임신 또는 출산, 가족 형태, 사상 또는 정치적 의견, 형의 효력이 실효된 전과, 성적 지향, 병력 등을 이유로 고용과 관련하여 차별하지 않는다.						
	②	시설은 노동자 모집 · 채용 시 직무의 수행에 필요하지 않은 조건을 제시하지 않는다.						
	③	시설은 동일가치 노동에 대해 동일한 임금을 제공한다.						
	④	시설은 임금 외에 복리후생제도에서 노동자를 차별하지 않는다.						
	⑤	시설은 노동자의 정년, 퇴직 및 해고에서 노동자를 차별하지 않는다.						
	⑥	시설은 노동자에게 시설 및 운영법인 후원을 강요하지 않으며, 후원 여부를 이유로 차별하지 않는다.						
소계								

항목	지표		답변 결과					근거
			예	보완 필요	아니요	정보 없음	해당 없음	
B2. 비정규직 노동자 비차별	①	시설은 비정규직임을 이유로 사업장 내의 동종 또는 유사한 업무를 하는 노동자에 비하여 차별적 처우를 하지 않는다.						
	②	시설은 비정규직임을 이유로 시설 내에서의 업무와 관련하여 제공되는 편의에 있어서 차별을 하지 않는다.						
소 계								

항목	지표		답변 결과					근거
			예	보완 필요	아니요	정보 없음	해당 없음	
B3. 이주/해외노동자 비차별	①	시설은 이주노동자라는 이유로 부당하게 차별적 처우를 하지 않는다.						
	②	시설은 이주노동자가 자신이 가진 종교적, 문화적 권리를 누릴 수 있도록 존중한다.						
	③	해외에서 활동하는 시설(해외구호 사업 등)은 현지 문화와 제도를 존중한다.						
	④	해외에서 활동하는 시설(해외구호 사업 등)은 해외 채용 노동자에 대해 노동 관련 국제규범 및 해당 국가의 노동 관련 법을 준수한다.						
소계								

항목	지표		답변 결과					근거
			예	보완 필요	아니요	정보 없음	해당 없음	
B4. 강제노동 금지	①	시설은 모든 종류의 강제노동을 금지한다.						
	②	시설은 공정하고 투명한 고용계약을 위해 노력하며, 노동자가 이를 이해할 수 있도록 정보 및 문서를 제공한다.						
	③	시설은 노동자가 원하지 않는 의무적 초과노동을 실시하지 않으며, 노동자는 근무시간 이후 원하는 경우 언제든지 시설을 떠날 수 있다.						
	④	시설은 업무상 발생한 초과근무에 대해 법적 기준의 수당을 지급한다.						
	⑤	시설은 노동자의 법정 휴가를 보장한다.						
	⑥	노동자는 누구나 합리적인 수준의 사전통지 이후 퇴사할 수 있다.						
	⑦	시설은 해외 사업처나 산하시설에서 강제노동이 일어나지 않도록 별도의 조치를 취한다.						
소계								
합계								

5. C영역: 노동3권 및 노동자 참여 보장

<table>
<tr><th rowspan="2">항목</th><th rowspan="2" colspan="2">지표</th><th colspan="5">답변 결과</th><th rowspan="2">근거</th></tr>
<tr><th>예</th><th>보완 필요</th><th>아니요</th><th>정보 없음</th><th>해당 없음</th></tr>
<tr><td rowspan="4">C1. 노동3권 보장</td><td>①</td><td>시설은 노동조합의 설립과 활동을 보장한다.</td><td></td><td></td><td></td><td></td><td></td><td></td></tr>
<tr><td>②</td><td>단체교섭은 시설장이 참여하여 성실하게 협의하여 결정하고, 단체협약의 이행을 위해 지속적으로 노력한다.</td><td></td><td></td><td></td><td></td><td></td><td></td></tr>
<tr><td>③</td><td>노동자가 노동조합에 가입 또는 가입하려고 하였거나 노동조합 활동을 하였다는 이유로 노동자를 해고하거나 불이익한 처우를 하지 않는다.</td><td></td><td></td><td></td><td></td><td></td><td></td></tr>
<tr><td>④</td><td>노동자가 특정 노동조합에 가입하지 아니하거나 탈퇴할 것 또는 특정 노동조합의 가입할 것을 고용조건으로 하지 않는다.</td><td></td><td></td><td></td><td></td><td></td><td></td></tr>
<tr><td colspan="3">소계</td><td></td><td></td><td></td><td></td><td></td><td></td></tr>
</table>

<table>
<tr><th rowspan="2">항목</th><th rowspan="2" colspan="2">지표</th><th colspan="5">답변 결과</th><th rowspan="2">근거</th></tr>
<tr><th>예</th><th>보완 필요</th><th>아니요</th><th>정보 없음</th><th>해당 없음</th></tr>
<tr><td rowspan="4">C2. 민주적 참여 및 소통구조</td><td>①</td><td>시설의 노사협의회 노동자 대표는 시설의 개입 없이 민주적 절차에 의해 선출된다.</td><td></td><td></td><td></td><td></td><td></td><td></td></tr>
<tr><td>②</td><td>노사협의회는 정기적으로 개최되며 시설장이 참여하여 성실하게 협의하여 결정한다.</td><td></td><td></td><td></td><td></td><td></td><td></td></tr>
<tr><td>③</td><td>노동자가 시설 운영에 관한 의견을 자유롭게 개진할 수 있는 의사소통 구조가 마련되어 있으며, 시설 운영에 노동자들의 의견이 반영된다.</td><td></td><td></td><td></td><td></td><td></td><td></td></tr>
<tr><td>④</td><td>노동자가 시설의 윤리적 문제, 이용인 및 노동자에 대한 인권침해 등을 이유로 제보, 신고, 고발, 진정을 한 경우 어떠한 불이익을 받지 않도록 보호한다.</td><td></td><td></td><td></td><td></td><td></td><td></td></tr>
<tr><td colspan="3">소계</td><td></td><td></td><td></td><td></td><td></td><td></td></tr>
<tr><td colspan="3">합계</td><td></td><td></td><td></td><td></td><td></td><td></td></tr>
</table>

6. D영역: 산업안전보장

항목		지표	답변 결과					근거
			예	보완 필요	아니요	정보 없음	해당 없음	
D1. 산업안전보장	①	시설은 모든 노동자가 안전하게 업무를 수행할 수 있도록 업무 배치 전 담당 업무 교육을 실시하고, 정기적인 안전교육을 실시한다.						
	②	시설은 안전장구와 설비를 항상 안전하고 위생적이도록 유지한다.						
	③	재난안전관리 체계를 구축하였다.						
	④	시설은 시설 이용인의 폭언, 폭행 등으로 인한 노동자의 건강장애 예방 조치를 취하고 있다.						
	⑤	시설은 노동자에게 이용인 및 제3자로부터의 폭언, 폭행 등이 발생하거나 발생 위험이 우려되는 경우 업무를 일시적 중단 및 전환, 회복을 위한 조치를 취하고 있다.						
	⑥	시설은 직장 내 괴롭힘을 금지하며, 예방 및 발생 조치에 관한 사항은 취업규칙에 명시하고 있다.						
	⑦	노동자가 위험한 환경에서 작업하는 경우 보호조치를 취하고, 관련 정보를 노동자에게 제공한다.						
소계								

항목	지표		답변 결과					근거
			예	보완 필요	아니요	정보 없음	해당 없음	
D2. 임산부 및 장애인 등 보호	①	임산부, 장애인, 기타 취약 노동자에 대해 합리적인 편의를 제공하고, 다른 노동자와 동등한 대우를 한다.						
	②	시설은 임신 중이거나 산후 1년이 지나지 않은 여성, 18세 미만자를 도덕상 · 보건상 위험한 사업에 근로시키지 않는다.						
	③	임신을 한 노동자의 요청이 있는 경우, 해당 노동자의 근무지를 변경하기 위한 적절한 조치를 취한다.						
소계								

항목	지표		답변 결과					근거
			예	보완 필요	아니요	정보 없음	해당 없음	
D3. 산업재해 피해노동자 지원	①	시설은 노동자가 업무상 부상을 당하거나 질병에 걸리면 산재보험의 보상을 받을 수 있도록 지원한다.						
	②	시설은 업무상 부상을 당하거나 질병에 걸린 노동자가 산재보험의 대상이 아닐 경우 치료에 필요한 비용을 시설에서 지급한다.						
	③	시설은 화재로 인한 손해배상책임, 안전사고로 인한 피해를 입은 보호 대상자에 대한 손해배상책임 보험에 가입하고 있다.						
소계								
합계								

7. E영역: 책임 있는 협력관계 구축

<table>
<tr><th rowspan="2">항목</th><th rowspan="2" colspan="2">지표</th><th colspan="5">답변 결과</th><th rowspan="2">근거</th></tr>
<tr><th>예</th><th>보완 필요</th><th>아니요</th><th>정보 없음</th><th>해당 없음</th></tr>
<tr><td rowspan="5">E1. 협력기관 등의 인권침해 예방</td><td>①</td><td>시설은 협력 사업 추진 시 협력 업체 및 기관, 단체들도 인권보호를 위해 노력하도록 조치를 취한다.</td><td></td><td></td><td></td><td></td><td></td><td></td></tr>
<tr><td>②</td><td>시설은 모든 계약에 관련 기관들이 모든 업무영역에서 인권을 존중해 줄 것을 기대한다는 내용을 포함시킨다.</td><td></td><td></td><td></td><td></td><td></td><td></td></tr>
<tr><td>③</td><td>시설은 시설보수 공사, 강사 채용 등을 조건으로 금전 및 후원금을 비롯한 부당한 요구를 하지 않는다.</td><td></td><td></td><td></td><td></td><td></td><td></td></tr>
<tr><td>④</td><td>시설은 직원에 의한 보안 관련 인권침해가 발생하지 않도록 유의하며 직원들은 보안이 포함된 인권보호 교육을 받는다.</td><td></td><td></td><td></td><td></td><td></td><td></td></tr>
<tr><td>⑤</td><td>시설은 보안 사무를 외주하는 경우, 계약서를 통해 명시적으로 인권보호 준칙의 준수를 요구한다.</td><td></td><td></td><td></td><td></td><td></td><td></td></tr>
<tr><td colspan="3">소계</td><td></td><td></td><td></td><td></td><td></td><td></td></tr>
<tr><td colspan="3">합계</td><td></td><td></td><td></td><td></td><td></td><td></td></tr>
</table>

8. F영역: 환경권 보장

<table>
<tr><th rowspan="2">항목</th><th rowspan="2" colspan="2">지표</th><th colspan="5">답변 결과</th><th rowspan="2">근거</th></tr>
<tr><th>예</th><th>보완 필요</th><th>아니요</th><th>정보 없음</th><th>해당 없음</th></tr>
<tr><td rowspan="5">F1. 환경권 보장 계획수립 및 시행</td><td>①</td><td>시설은 환경권 보장을 위한 운영체계를 마련하였다.</td><td></td><td></td><td></td><td></td><td></td><td></td></tr>
<tr><td>②</td><td>시설은 국가와 지방자치단체의 환경권 보장 정책과 시책들을 정기적으로 파악하고 이를 시설 내외의 이해관계자들과 공유한다.</td><td></td><td></td><td></td><td></td><td></td><td></td></tr>
<tr><td>③</td><td>시설은 국가 및 지자체의 탄소중립 및 녹색성장 시책에 협력하며, 탄소중립 사회 실현을 위한 시설의 계획이 수립되었고 이에 대한 정보를 공개한다.</td><td></td><td></td><td></td><td></td><td></td><td></td></tr>
<tr><td>④</td><td>시설은 기후변화 및 기후위기와 관련하여 정기적으로 노동자를 교육하고 훈련한다.</td><td></td><td></td><td></td><td></td><td></td><td></td></tr>
<tr><td>⑤</td><td>시설은 이용인에게 서비스 제공 시 이것이 탄소중립 및 정의로운 전환에 미치는 영향을 고려한다.</td><td></td><td></td><td></td><td></td><td></td><td></td></tr>
<tr><td colspan="3">소계</td><td></td><td></td><td></td><td></td><td></td><td></td></tr>
</table>

항목	지표		답변 결과					근거
			예	보완 필요	아니요	정보 없음	해당 없음	
F2. 기후재난 대응	①	시설은 기후위기 및 기후재난 대응을 위하여 지역주민의 역량강화를 위해 노력한다.						
	②	시설은 지자체와 함께 기후재난 대응 매뉴얼을 개발했으며, 비상시 대응방법도 알고 있다.						
	③	시설은 비상사태가 발생한 경우 지자체, 소방서, 경찰서, 행정복지센터에 즉시 통보할 수 있는 비상연락장치를 마련해 두었다.						
	④	시설은 재난 대응 과정에서 이용인의 인권이 보장될 수 있도록 노력한다.						
소계								
합계								

9. G영역: 이용인 인권보장

항목		지표	답변 결과					근거
			예	보완 필요	아니요	정보 없음	해당 없음	
G1. 이용인 자기결정권 및 참여권 보장	①	시설은 이용인의 인권을 최우선으로 하며 이용인의 인권존중을 위한 운영체계를 마련하였다.						
	②	시설은 합리적 이유 없이 성별, 종교, 장애, 나이, 사회적 신분, 출신지역, 용모, 인종 등 신체조건, 혼인 여부, 임신 또는 출산, 가족 형태, 사상 또는 정치적 의견, 형의 효력이 실효된 전과, 성적 지향, 병력 등을 이유로 이용인을 시설 이용에서 차별하지 않는다.						
	③	시설은 이용인 및 이용을 원하는 사람에게 서비스 이용을 포함하여 필요한 정보를 충분히 알리고 있다.						
	④	시설은 이용인의 선택권을 보장하기 위하여 시설 이용과 계약의 결정에 당사자의 의사를 확인한다.						
	⑤	시설은 이용을 결정한 당사자에게 기관현황, 서비스 제공의 목적, 서비스 내용, 이용인 권리, 고충처리 및 구제절차에 대한 정보를 문서로 제공한다.						

	⑥	시설은 이용인의 시설 운영 참여를 보장하고, 이용인의 자유로운 의사표현이나 의견 개진을 이유로 시설 이용에 불이익을 주지 않는다.						
	⑦	시설은 시설의 정책결정 과정에 이용인의 의견을 수렴하고 참여할 수 있는 제도가 있고, 정책결정 결과를 이용인에게 알린다.						
	⑧	시설은 시설 이용 과정에서 발생하는 인권위험(risk)에 대해 신속하고 적절한 구제조치를 한다.						
소계								╳

항목	지표		답변 결과					근거
			예	보완 필요	아니요	정보 없음	해당 없음	
G2. 안전권 · 자유권 보장	①	시설은 이용인이 폭력과 학대로부터 안전할 수 있도록 보장한다.						
	②	시설은 이용인의 자유로운 이동과 접근을 보장한다.						
	③	시설은 이용인에게 쾌적하고 안전한 환경을 제공한다.						
	④	시설은 이용인의 개인정보가 외부로 유출되지 않도록 보안에 주의를 기울인다.						
	⑤	시설은 시설운영을 위한 모금활동에 이용인의 참여를 강요하지 않는다.						

항목		지표	예	보완 필요	아니요	정보 없음	해당 없음	근거
	⑥	시설은 이용인에게 종교의 자유를 보장하고 존중한다.						
	⑦	시설은 이용인의 정치적 자유를 보장하며, 시설장 및 직원의 정치적 의견을 강요하지 않는다.						
소계								

항목		지표	답변 결과					근거
			예	보완 필요	아니요	정보 없음	해당 없음	
G3. 강제노동 금지	①	시설은 프로그램 및 교육, 후원을 이유로 부당한 노동에 이용인을 동원하지 않는다.						
	②	시설은 자원봉사 활동으로 노동이 금지된 연소자에게 시설 노동자의 업무를 시키지 않는다.						
	③	시설은 15세 미만 아동 및 중학교에 재학 중인 18세 미만을 고용하지 않는다(시간제 근로 포함).						
소계								
합계								

참고문헌

국가인권위원회(2013a). 기업과 인권에 관한 보고서. 국가인권위원회.

국가인권위원회(2013b). 기업 인권교육 교재. 국가인권위원회.

국가인권위원회(2014a). 인권경영 가이드라인 및 체크리스트. 국가인권위원회.

국가인권위원회(2014b). 인권경영 길라잡이. 국가인권위원회.

국가인권위원회(2018). 공공기관 인권경영 매뉴얼. 국가인권위원회.

국가인권위원회(2019). '인권경영 표준지침' 개발 연구. 국가인권위원회.

국가인권위원회(2021). 기업분야 기업과 인권 표준교안. 국가인권위원회.

국가인권위원회(2022). 인권경영 보고 및 평가 지침. 국가인권위원회.

국가인권위원회(2023). 국가인권위원회 법규집. 국가인권위원회.

김민우(2020). 인권경영의 현황과 시사점. 2020년 상반기 인권경영포럼 대체 자료집.

김수정, 신재은, 오선영(2021a). 사회복지시설 인권책무에 대한 탐색적 연구: 경기도 지역을 중심으로. 미래사회복지연구,12(1), 67-96.

김수정, 오선영, 김은희, 김대심(2021b). 사회복지의 인권. 학지사.

법무부(2021). 기업과 인권 길라잡이. 법무부.

서울시사회복지협의회(2019). 사회복지시설 운영규정 표준안. 서울시사회복지협의회.

서울연구원(2021). 2021년 서울연구원 인권경영보고서.

송세련(2020). 인권영향평가의 정착을 위한 제언. 2020년 상반기 인권경영 포럼 대체 자료집.

신재은, 김수정, 양혜정, 박혜선(2023). 사회복지시설 인권경영을 위한 인권영향평가 체크리스트 개발 연구. 경기복지재단.

이용재, 김수정, 김은정, 권오훈, 엄소영(2019). 서울시 사회복지시설 직장내 괴롭힘 실태조사. 서울시.

한국인권재단(2013). 서울시 공무원 인권행정강령 제정을 위한 기초연구 보고서.

DIHR (2020). Human Rights Impact Assessment Guidance and Toolbox.

ILO (2023). The Fundamental Conventions on Occupational Safety and Health.

OHCHR (2008). Frequently Asked Questions on Economic, Social and Cultural Rights. Geneva, Office of the United Nations High Commissioner for Human Rights United Nations.

OXFAM (2023). Human Rights Impact Assessment Framework.

Rights & Democracy (2012). Community-Based Human Rights Impact Assessment.

Ruggie, J. G. (2013). *Just Business-Multinational Corporation and Human Rights*. 이상수 역. 기업과 인권. 필맥.

UNCHR (1994). Human Rights and Social Work: A manual for School of Social Work and the Social Work Profession. Professional Training Series No.1.

경기도사회서비스원 https://gg.pass.or.kr

국제노동기구 https://www.ilo.org

만안종합사회복지관 www.mananwelfare.com

법제처 https://www.moleg.go.kr

찾아보기

저자 소개

김수정(Kim Soo Jung)

이화여자대학교에서 사회복지학 박사학위를 취득했다. 인권실천가로서 사회복지사들이 역할을 다하고 사회구조 변화에 적극적으로 참여하기를 희망하며 이에 도움이 되는 연구를 하기 위해 노력하고 있다. 저서로 『사회복지와 인권』(공저, 학지사, 2021)이 있으며, 주요 논문으로는 「사회복지분야 내부 공익제보자 경험 연구」(2018), 「회복적 정의 관점으로 살펴본 사회복지시설종사자 인권침해 결정례 분석: 서울시와 경기도 구제제도를 중심으로」(2022), 「사회복지시설 직장 내 괴롭힘 구제제도 연구」(2023), 「사회복지종사자 권익지원센터의 역할 및 운영 탐색」(2024) 등이 있다. 서울시 시민인권침해구제위원회 위원으로 활동하였고, 현재 국제사이버대학교 사회복지학과 교수로 재직 중이며 한국보건복지인재원 등 공공기관 인권경영위원회 위원으로 참여하고 있다.

양혜정(Yang Hye Jeong)

서강대학교 신학대학원에서 사회복지학 박사학위를 취득했다. 십여 년간의 사회복지현장 경험과 노동조합 활동, 복지국가 운동 경험을 토대로 인권기반 사회복지실천을 위한 연구와 인권교육, 인권경영 컨설팅을 수행하고 있다. 주요 논문으로는 「장애가 있는 사회복지사의 사회복지시설 근무 경험에 관한 연구」(2021), 「지방정부의 인권보호에 관한 연구: 서울시 사회복지시설 인권침해 결정례를 중심으로」(2022), 「정부의 인권 증진 역할이 삶의 만족도에 영향을 미치는 경로분석」(2024), 「인권교육 경험과 인권의식, 인권태도의 관계에 관한 연구」(2024) 등이 있다. 현재 서강대학교 신학대학원 대우교수로 재직 중이며, 내가만드는복지국가의 공동대표로 활동하고 있다.

사회복지시설 인권경영 매뉴얼

Business and Human Rights Manual for Social Welfare Facilities

2025년 4월 1일 1판 1쇄 인쇄
2025년 4월 10일 1판 1쇄 발행

지은이 • 김수정 · 양혜정
펴낸이 • 김진환
펴낸곳 • (주) 학지사
04031 서울특별시 마포구 양화로 15길 20 마인드월드빌딩
대표전화 • 02)330-5114 팩스 • 02)324-2345
등록번호 • 제313-2006-000265호

홈페이지 • http://www.hakjisa.co.kr
인스타그램 • https://www.instagram.com/hakjisabook

ISBN 978-89-997-3396-3 93330

정가 17,000원

저자와의 협약으로 인지는 생략합니다.
파본은 구입처에서 교환해 드립니다.